A MÃO INVISÍVEL DO MERCADO

ADAM SMITH

A MÃO INVISÍVEL DO MERCADO

COLEÇÃO
BIBLIOTECA DIAMANTE

ORGANIZAÇÃO E APRESENTAÇÃO
ANDRÉ FILIPE ZAGO DE AZEVEDO

TRADUÇÃO DE
NORBERTO DE PAULA LIMA

EDITORA
NOVA
FRONTEIRA

Este volume de *A mão invisível do mercado* foi organizado com base na 3.ª edição de *A riqueza das nações: uma investigação sobre a natureza e causa da riqueza das nações*, com tradução e seleção original de Norberto de Paula Lima, introdução e supervisão de Maxim Behar e Norberto de Paula Lima, lançada pela Nova Fronteira em 2017.

Direitos de edição da obra em língua portuguesa no Brasil adquiridos pela Editora Nova Fronteira Participações S.A. Todos os direitos reservados. Nenhuma parte desta obra pode ser apropriada e estocada em sistema de banco de dados ou processo similar, em qualquer forma ou meio, seja eletrônico, de fotocópia, gravação etc., sem a permissão do detentor do copirraite.

Editora Nova Fronteira Participações S.A.
Rua Candelária, 60 — 7.º andar — Centro — 20091-020
Rio de Janeiro — RJ — Brasil
Tel.: (21) 3882-8200

Dados Internacionais de Catalogação na Publicação (CIP)
(Câmara Brasileira do Livro, SP, Brasil)

Smith, Adam, 1723-1790.
 A mão invisível do mercado / Adam Smith; organização André Filipe Zago de Azevedo; tradução Norberto de Paula Lima. – Rio de Janeiro: Nova Fronteira, 2021. – (Coleção Biblioteca Diamante)
 160 p.

 ISBN 978-65-5640-261-1

 1. Economia 2. Smith, Adam, 1723-1790 I. Título. II. Série.

21-64753 CDD-330

Índices para catálogo sistemático:
1. Economia 330
Cibele Maria Dias - Bibliotecária - CRB-8/9427

SUMÁRIO

APRESENTAÇÃO · ANDRÉ FILIPE ZAGO DE AZEVEDO   7

DAS CAUSAS DO AUMENTO DAS FORÇAS PRODUTIVAS DO TRABALHO E DA ORDEM SEGUNDO A QUAL SEU PRODUTO É NATURALMENTE DISTRIBUÍDO ENTRE AS DIVERSAS CATEGORIAS DO POVO   19
DOS SISTEMAS DE ECONOMIA POLÍTICA   63
DA RENDA DO SOBERANO OU COMUNIDADE   140
CONCLUSÃO   149

SOBRE O AUTOR   159

APRESENTAÇÃO
ANDRÉ FILIPE ZAGO DE AZEVEDO

A riqueza das nações é um dos livros mais influentes e importantes de Economia já escritos. Algumas ideias contidas na obra já haviam sido apresentadas por outros pensadores. Antes de Adam Smith, David Hume já defendia a importância do livre-comércio, e Bernard de Mandeville exaltava os benefícios públicos gerados pelos vícios privados. Mas o que diferenciou Smith de seus antecessores foi a capacidade de gerar, a partir de um conjunto de ideias relativamente esparsas e difusas preexistentes, um sistema econômico simples, ordenado e coerente. Ele foi capaz de relacionar o desejo individual, egoísta, de melhorar a sua condição de vida material, típico da grande multidão humana, com a acumulação de riqueza de um país.

A obra surgiu em um período caracterizado pela forte intervenção do Estado na economia, especialmente no comércio internacional, seguindo as ideias mercantilistas. O livro também é contemporâneo à fisiocracia, escola francesa que fornecia uma visão de trabalho produtivo bastante restrita, limitada à produção agrícola. Smith combateu firmemente tanto as práticas protecionistas, pois identificou no livre-comércio a possibilidade de expansão da riqueza das nações, como a relevância atribuída à produção agrícola, argumentando que outros tipos de trabalho seriam igualmente produtivos. Entre as muitas ideias que desafiavam o *status quo* econômico de sua época — e que perpassa toda a obra seminal de Smith — se destaca a de que a regulamentação do Estado não era necessária para fazer o sistema econômico funcionar adequadamente, dando primazia à mão invisível do mercado para o bom funcionamento da economia. Em um mundo dominado pelo ideário mercantilista, que pregava o controle estrito do comércio exterior pelo governo, a concepção do papel do Estado de Smith soava como heresia.

A importância da obra de Adam Smith para a economia moderna pode ser sintetizada pela afirmação de Ronald Coase, que, ao receber o prêmio Nobel de Economia, em 1991, destacou: "... desde a publicação de *A riqueza das nações*, a principal atividade dos economistas tem sido preencher as lacunas no sistema de Adam Smith, corrigir seus erros e tornar sua análise mais precisa." As contribuições da obra são inúmeras e propiciaram uma série de avanços na economia ao longo do tempo. A importância da divisão do trabalho para o aumento da produtividade é a ideia central da produção em série do fordismo. A maior destreza do trabalhador, resultante dessa mesma divisão do trabalho, também serviu de base para o conceito moderno de curva de aprendizagem, em que o acúmulo de experiência em uma mesma atividade torna o trabalhador mais eficiente. A expansão da riqueza das nações causada pela ampliação dos mercados também é algo consolidado na literatura atualmente, que aponta uma relação causal entre abertura da economia e crescimento econômico. A sua crítica aos grupos de interesses especiais, que buscam influenciar a política governamental em seu favor, serve de base para o que hoje se convencionou chamar de *rent seeking*, algo ainda tão presente em nossos dias. As perdas causadas pela formação de acordos preferenciais de comércio também foram originalmente identificadas por Smith, antecipando o que a literatura econômica passou a reconhecer, a partir da metade do século XX, como desvio de comércio.

Como é possível notar pela breve descrição de algumas das principais contribuições de *A riqueza das nações*, a seleção de partes de uma obra tão importante e influente é um exercício, necessariamente, árduo e controverso. Árduo justamente pela grande quantidade de *insights* nela contida, que continuam a influenciar os rumos da economia até os dias de hoje e que precisaram, em parte, ser suprimidos. Controverso porque em certos trechos há a possibilidade de interpretações distintas, dependendo do viés ideológico do leitor. Tanto Hayek como Marx, por exemplo, sofreram a influência intelectual de Smith. O que facilitou um pouco essa tarefa hercúlea de sintetizar a obra de Smith em poucas páginas foi o objetivo de privilegiar justamente aqueles trechos em que Smith evidenciou o papel crucial da "mão invisível do mercado" para o funcionamento da economia.

Seguindo essa orientação, foram destacadas partes de três dos cinco livros que compõem *A riqueza das nações*.

Em "Das causas do aumento das forças produtivas do trabalho e da ordem segundo a qual seu produto é naturalmente distribuído entre as diversas categorias do povo" (Livro I do original), já está implícita em seus capítulos iniciais a ideia de que as pessoas são motivadas, principalmente, por seus próprios interesses. Smith enfatiza que é inteiramente natural e apropriado para a sociedade que cada pessoa cuide de seu próprio bem-estar e não coloque o fardo de seu sustento sobre os ombros de outros. Essa atitude permitiria que a economia prosperasse naturalmente. No entanto, o interesse próprio, para Smith, não tem a conotação negativa usualmente associada ao egoísmo ou até mesmo ao egotismo. Na realidade, ele estaria ligado ao que se pode chamar de egoísmo prudente, limitado pelo caráter empático do espectador imparcial, desenvolvido no seu primeiro livro (*A Teoria dos Sentimentos Morais*), pela competição no mercado e, se necessário, pela regulação do Estado.

Nos três capítulos iniciais, vários dos temas mais importantes já são apresentados. Aqui já é possível vislumbrar a origem da riqueza de um país. Em "Da divisão do trabalho" (capítulo I do original), Smith enfatiza o papel crucial da divisão do trabalho para o aumento da produtividade por meio de três mecanismos. Primeiro, a divisão do trabalho cria conhecimento especializado de uma determinada tarefa. Isso, por sua vez, torna os trabalhadores envolvidos nessa atividade mais hábeis e, portanto, mais produtivos. Em segundo lugar, a divisão do trabalho economiza o tempo do trabalhador. Ao focar em uma tarefa, em vez de passar de uma para outra — um processo que requer o uso de diferentes ferramentas e materiais —, ele consegue maximizar seu tempo, aumentando, assim, a produtividade. Por fim, a quantidade de tempo gasto pelos trabalhadores em uma tarefa isolada leva à inovação nos métodos e ferramentas empregados nessa atividade e, portanto, a torna mais fácil. Ao lado da produtividade do trabalho, Smith também destacou a importância de uma maior proporção de trabalhadores em relação ao total da população como forma de aumentar a riqueza de um país.

Em "Do princípio que dá ocasião à divisão do trabalho" (capítulo 2 do original), Smith aborda a origem da divisão do trabalho em si. Aqui, ele salienta que ela não é o resultado da supervisão ou regulamentação de uma autoridade, mas sim da própria natureza humana e de mais nenhum outro ser que habita esse planeta. Parte do que nos torna humanos, de acordo com Smith, é a nossa propensão à troca. Ele usa exemplos históricos para mostrar que o comércio era parte importante da sociedade, mesmo nos tempos primitivos. E essa garantia de poder comercializar o que se produz com outros é que estimularia a divisão do trabalho. Se não houvesse essa propensão à troca, cada pessoa seria forçada a desenvolver uma ampla gama de habilidades para se sustentar.

Em "Que a divisão do trabalho é limitada pela extensão do mercado" (capítulo 3 do original), ele aponta que divisão do trabalho é limitada pelo tamanho do mercado. Assim, quanto maior fosse o mercado, maior a extensão em que o trabalho pode ser efetivamente dividido, levando a uma maior especialização e aos ganhos de produtividade dela decorrentes. Historicamente, melhorias na arte e na indústria são feitas apenas quando há a garantia de um grande mercado que será capaz de absorver os produtos. Isso ocorre quando o mercado cresce ou quando há transporte fácil para outros mercados. Ou seja, já no início de sua obra, Smith deixa clara a relevância do livre-comércio para expandir a divisão do trabalho, que aumenta a produtividade e, portanto, a própria riqueza de uma nação.

Nos três capítulos seguintes, Smith investiga os princípios que regulam o valor de troca das mercadorias, desenvolvendo a sua teoria do valor-trabalho. Ao explicar as diferenças no preço de produtos que têm valores de uso muito díspares, como o diamante e a água, Adam Smith esclarece — em "Do preço real e nominal das mercadorias, de seu preço em trabalho e seu preço em dinheiro" (capítulo 5 do original) — que a fonte de valor de todas as mercadorias não deriva de sua utilidade, mas da quantidade de trabalho necessária para comprá-las. Um diamante, por exemplo, é extremamente caro, mas supérfluo. A água, por outro lado, é muito barata ou até gratuita, mas é absolutamente essencial para a preservação da vida. Smith explica a diferença entre esses preços, observando as quantidades de trabalho necessárias para levar esses produtos ao mercado. Embora o preço em dinheiro de uma mercadoria em particular possa flutuar por uma série de razões, a quantidade de trabalho necessária para comprá-la permanece constante. A riqueza de um indivíduo seria, portanto, determinada pela quantidade de trabalho que ele pode comandar.

Smith também descreve como a oferta e a demanda afetam o preço. Ele tem o cuidado de distinguir entre o preço natural de uma mercadoria, que é determinado pelos custos totais de produção, e o preço de mercado, que é determinado pela oferta e demanda. Esse é um tema extremamente importante em todo o livro. As forças duplas de oferta e demanda estão no cerne não apenas do preço das *commodities*, mas de vários aspectos do mercado. Elas representam forças duais e opostas que estão sempre empenhadas em alcançar ou manter o equilíbrio que torna o mercado um mecanismo tão eficaz.

Em "Do preço natural e do preço de mercado das mercadorias" (capítulo 7 do original), constrói uma ponte entre seu relato sobre a ascensão do dinheiro e o modo como ele contabiliza o restante da estrutura do sistema econômico ao longo de toda a obra. As maneiras pelas quais a oferta e a demanda afetam os preços parecem claras. No entanto, a aplicação de Smith desse princípio à regulamentação dos salários é mais complicada e menos evidente. Smith leva vários capítulos para desenvolver totalmente sua ideia e descrever a extensão de sua aplicação. É importante, no entanto, porque lhe permite começar a mostrar que o mercado tem forças internas que o regulam, controlando os excessos e os desequilíbrios.

No livro "Dos sistemas de economia política" (Livro IV do original), Smith critica duramente os princípios do mercantilismo, especialmente nos três capítulos iniciais. Há duas ideias em particular que ele desenvolve para criticar o mercantilismo. A primeira é que o dinheiro é uma ferramenta de comércio (meio de troca) e não um sinal de riqueza em si. Ao rejeitar a percepção do status especial do dinheiro, o autor mostra que o nível de metais preciosos nos cofres de uma nação não é um sinal de pujança econômica e que uma política econômica que tenta manter o ouro e a prata não traz, portanto, nenhum benefício real para a economia. A segunda é que o comércio internacional não é um jogo de soma zero, em que ganhariam os exportadores em detrimento dos importadores, mas que, quando conduzido livremente, beneficia a todos os envolvidos. A ideia de que esse comércio não é um jogo de soma zero permite que Smith mostre como ele beneficia a sociedade ao reduzir os preços e, portanto, estimular o crescimento. O autor destaca ainda que a maior parte da regulamentação mercantilista beneficia apenas um pequeno grupo de pessoas de um setor específico que é protegido. Demonstra que, embora tal política possa favorecer certos indivíduos no curto prazo, ela prejudica a sociedade em geral. Esses argumentos demonstram que Adam Smith, ao examinar a eficácia de certas políticas, está preocupado com o cidadão comum. Uma boa política econômica, para ele, deveria melhorar a vida do cidadão médio, aumentando suas escolhas, sua prosperidade e, portanto, seu bem-estar pessoal.

O capítulo "Das restrições sobre a importação de países estrangeiros dos bens que o país pode produzir" (capítulo 2 do original) é especialmente importante, pois destaca a relevância da mão invisível, mostrando como o mercado é mais bem regulado por cada indivíduo agindo de acordo com seus próprios interesses, não restringido pela regulamentação governamental. Essa exaltação dos benefícios de uma maior liberdade econômica foi particularmente inovadora na época de Smith, quando a teoria econômica era dominada pelo ideário mercantilista, de viés nitidamente protecionista. O autor acabou adotando o livre-arbítrio e o interesse próprio como seus pressupostos básicos, mostrando como essas inclinações naturais produziram um sistema ordenado. É aqui, portanto, em toda *A riqueza das nações*, que se encontra mais claramente o papel da "mão invisível" de Smith.

Nos capítulos "Do reembolso das tarifas aduaneiras", "Dos prêmios" e "Dos tratados de comércio" (capítulos 4 a 6 do original), Smith faz uma crítica completa e convincente aos grupos de interesses especiais que buscam influenciar a política governamental. Embora ele ataque os princípios do sistema mercantil ao longo do livro, esses capítulos se concentram mais exclusivamente em como grupos de interesses especiais procuram criar ou defender seus benefícios, direcionando as políticas governamentais em seu favor. Essas políticas são aquelas que criam barreiras ao comércio, concedem subsídios ou estabelecem acordos comerciais preferenciais. Nessa parte de sua obra, Smith constantemente ressalta como grupos de interesses especiais desviam o dano econômico de suas políticas para grupos sociais que não tiveram ou não poderiam ter uma participação na criação de tal política.

Em "Das colônias" (capítulo 7 do original), Smith reforça, novamente, a importância da expansão do comércio para a riqueza de um país. Ele mostra como até mesmo colônias mal administradas aumentam a opulência desfrutada em suas metrópoles, apontando que o alargamento dos mercados torna o comércio ainda mais diversificado, o que, por sua vez, eleva a produtividade, pressiona os preços para baixo e aumenta a riqueza.

O capítulo que conclui a análise de Smith do sistema mercantil apresenta uma teoria econômica alternativa que tinha alguma aceitação em sua época: a fisiocracia. Essa visão alternativa fornece uma definição de trabalho produtivo muito mais restrita do que Smith. De acordo com os fisiocratas, o trabalho produtivo seria limitado à produção agrícola. Smith critica a visão com base no fato de que outros tipos de trabalho são igualmente produtivos. Essa defesa parece estar de acordo com a descrição mais ampla de Smith dos benefícios da divisão do trabalho, que parecem necessariamente resultar no processo de produção industrial. Embora a mão de obra industrial possa depender de algumas das *commodities* fornecidas pela agricultura, ela também é produtiva, resultando em bens de consumo com maior valor agregado no mercado.

No livro "Da renda do soberano ou comunidade" (Livro V do original), Smith aborda as despesas prioritárias do Estado e como elas deveriam ser financiadas. Em relação às despesas, ele destaca que elas deveriam se concentrar apenas nas instituições e obras públicas necessárias para a defesa da sociedade da violência e da invasão de outras nações e para a administração da justiça, bem como em gastos para facilitar o comércio e promover a instrução do povo. Embora defenda o gasto público naqueles setores, Smith enfatiza que as pessoas que usam certos bens públicos devem ser obrigadas a pagar o máximo que puderem (seja em taxas escolares, taxas judiciais ou pedágios). Seu argumento é de que, em geral, se os bens públicos forem financiados com recursos privados, será mais provável que operem com eficiência e forneçam serviços mais eficazes aos usuários. Isso ocorre porque, quando a subsistência de pessoas específicas depende inteiramente da manutenção desses bens, essas pessoas tendem a mantê-los em bom estado e em padrões elevados.

Embora Smith argumente que muitas atividades funcionam com mais eficiência se forem financiadas de forma privada, ele também deixa claro que, nos casos em que uma pessoa não tiver condições de arcar com os gastos, o bem deve ser colocado à sua disposição pelo Estado. Isso ocorre porque, conforme sugere o autor, certos bens são simplesmente necessários para a vida em sociedade e sua existência diminui certos riscos para a ordem pública. Embora as escolas privadas sejam geralmente melhores do que as públicas, segundo ele, a educação deve ser disponibilizada para todos, mesmo aqueles que não podem pagar. Isso não só ajuda a diminuir os sentimentos de alienação que a classe trabalhadora pode experimentar na vida penosa da fábrica, mas a educação e, acima de tudo, a exposição às artes e à cultura tornam as pessoas menos propensas a serem vítimas do extremismo religioso, que pode aliená-las da vida política e fazer com que se ressintam de seu governo.

A obra é finalizada com a discussão dos vários métodos de cobrança de impostos para bancar os gastos públicos. As análises de Smith sugerem que a taxação sobre a terra é o método mais eficaz para a cobrança de impostos. Aqui, mais uma vez, ele dá atenção ao cidadão médio ao expressar a preocupação de que os impostos sejam cobrados de uma maneira que não diminua produtividade ou se mostre excessivamente oneroso para os cidadãos. Ele também ressalta que o custo dos impostos, sempre que possível, será repassado ao consumidor ou terá como resultado o efeito de afetar os preços. Se um imposto for cobrado sobre a prática de uma atividade específica, então, ele resultará em um custo mais alto para as pessoas que consomem esse serviço.

Em síntese, Smith criou conceitos e interpretações da realidade econômica que resistem ao tempo, valorizando a importância da mão invisível do mercado para guiar a atividade econômica das nações. Se todas as pessoas agissem de acordo com seu próprio interesse, com o Estado se limitando às atividades essenciais, concedendo ampla liberdade para o indivíduo tanto nas atividades internas quanto no comércio internacional, o resultado seria o aumento da riqueza das nações. A mão invisível conduziria naturalmente ao aumento da produção daquelas atividades em que os países fossem mais eficientes e, por meio da especialização e das trocas, haveria a expansão do consumo e do bem-estar da população. Espero que essa seleção de trechos de *A riqueza das nações* tenha sido fiel às principais ideias de Smith e permita ao leitor compreender melhor as razões de sua relevância até os dias de hoje.

DAS CAUSAS DO AUMENTO DAS FORÇAS PRODUTIVAS DO TRABALHO E DA ORDEM SEGUNDO A QUAL SEU PRODUTO É NATURALMENTE DISTRIBUÍDO ENTRE AS DIVERSAS CATEGORIAS DO POVO

DA DIVISÃO DO TRABALHO

Um maior aperfeiçoamento nas forças produtivas do trabalho, e a maior parte do engenho, destreza e discernimento com que é dirigido em qualquer lugar, ou aplicado, parecem ter sido os efeitos da divisão do trabalho.

Os efeitos da divisão do trabalho, nos negócios gerais da sociedade, serão mais facilmente entendidos considerando de que modo ela opera em algumas manufaturas, em particular. Comumente supõe-se que ela ocorra em geral nas mais insignificantes; talvez não seja aplicada mais nelas que em outras, de maior importância, mas naquelas manufaturas pequenas, que se destinam a suprir as pequenas necessidades de apenas pequeno número de pessoas, o número total de trabalhadores deve necessariamente ser pequeno, e aqueles empregados em cada ramo diferente do trabalho podem amiúde ser reunidos na mesma oficina e colocados simultaneamente sob a vista do espectador. Nas grandes manufaturas, ao contrário, que estão destinadas a suprir as grandes necessidades da maioria do povo, cada ramo do trabalho emprega tamanho número de trabalhadores que é impossível reuni-los todos na mesma oficina. Raramente podemos ver mais, simultaneamente, do que aqueles empregados num só ramo. Embora em tais manufaturas o trabalho possa realmente ser dividido num número muito maior de partes que naquelas de natureza menor, a divisão não é tão óbvia, e, concomitantemente, tem sido muito menos observada.

Para tomar um exemplo, pois, de uma manufatura pouco significante, mas uma em que a divisão do trabalho tem sido muito notada: o ofício do alfineteiro; um operário não educado para esta ocupação (que a divisão do trabalho transformou numa atividade específica), nem familiarizado com o uso da maquinaria nela empregada (para cuja invenção essa mesma divisão do trabalho provavelmente deu ocasião), dificilmente poderia, talvez com seu máximo empenho, fazer um alfinete por dia, e certamente não conseguiria fazer vinte. Mas do modo como este ofício é agora exercido, não só todo o trabalho é uma atividade especial, mas está dividido em um número de ramos, dos quais a maioria pode ser outras tantas indústrias. Um homem estica o arame, outro o endireita, um terceiro corta-o, um quarto o aponta, um quinto esmerilha o topo para receber a cabeça; fazer a cabeça exige duas ou três operações distintas, colocá-la é uma tarefa à parte; branquear os alfinetes é outra; é mesmo outra indústria; colocá-los no papel e o importante negócio de fazer um alfinete é, destarte, dividido em cerca de 18 operações distintas, que em algumas manufatureiras são todas executadas por diferentes mãos, se bem que em outras o mesmo homem às vezes fará duas ou três delas. Vi uma pequena manufatura desta espécie na qual apenas dez homens eram empregados, e alguns deles, consequentemente, executavam duas ou três operações diferentes. Não obstante sendo eles muito pobres, e portanto mal acomodados tão somente com a maquinaria estritamente necessária, podiam, quando se esforçavam, produzir, entre eles, cerca de 12 libras de alfinetes por dia. Há numa libra mais de quatro mil alfinetes de tamanho médio. Estas dez pessoas, portanto, conseguiam fazer um total de mais de 48 mil alfinetes por dia. Cada pessoa, então, executando uma décima parte de 48 mil alfinetes, deve produzir 4.800 alfinetes por dia. Mas, trabalhando todos separados, independentes, e sem nenhum deles ter sido educado neste ofício, certamente nenhum deles conseguiria fazer vinte, nem mesmo um alfinete por dia, que, por certo, não é 240 vezes, nem 4.800 vezes menos do que atualmente são capazes de perfazer em consequência de uma divisão e combinação adequada de suas diferentes operações.

Em todo outro ofício e manufatura, os efeitos da divisão do trabalho são similares aos desta, bem pouco importante; entretanto, em muitas, o trabalho não pode ser tão subdividido nem reduzido a tamanha simplicidade de operação. A divisão do trabalho, porém, tanto quanto possa ser introduzida, ocasiona em toda técnica um proporcional aumento das forças produtivas do trabalho. A separação de atividades e empregos parece ter tido lugar em consequência desta vantagem. Esta separação, também, é geralmente levada ao extremo nos países que gozam do mais elevado grau de indústria e aperfeiçoamento; o que é o trabalho de um homem num estado rústico da sociedade é geralmente o de vários numa aperfeiçoada. Em toda sociedade aperfeiçoada, o lavrador em geral nada mais é senão um lavrador; o artífice, nada mais que um artífice. O trabalho também, que é necessário para produzir qualquer manufatura completa, é quase sempre dividido por um grande número de mãos. Quantos ofícios diferentes não estão empregados em cada ramo das manufaturas do linho e da lã, dos cultivadores aos branqueadores e penteadores, ou tintureiros e alfaiates! A natureza da agricultura, de fato, não admite tantas divisões do trabalho, nem a separação tão completa de uma atividade da outra, quanto nas manufaturas. É impossível separar inteiramente o trabalho do pecuarista do trabalho do cultivador de cereais, como a indústria do carpinteiro é comumente separada da do ferreiro. O fiador é quase sempre uma pessoa distinta do tecelão; mas o arador, o gradeador, o semeador e o segador são costumeiramente o mesmo homem. As ocasiões para estas diferentes espécies de trabalho, retornando com as diferentes estações do ano, impedem que um homem esteja constantemente empregado em qualquer uma delas. Esta impossibilidade de se fazer uma separação tão inteira e completa de todos os vários ramos do trabalho empregado na agricultura talvez seja a razão por que o aumento das forças produtivas do trabalho neste mister nem sempre mantenha o passo com sua melhoria nas manufaturas. As nações mais opulentas, deveras, em geral superam todas as suas vizinhas na agricultura, bem como nas manufaturas, mas comumente distinguem-se mais por sua superioridade nestas que naquela. Suas terras são, em geral, mais bem cultivadas e têm mais trabalho e despesa investidos nelas, produzem mais em proporção à extensão e fertilidade natural do solo. Mas esta superioridade de produção raramente supera, em termos proporcionais, o trabalho e a despesa. Na agricultura, o lavor do campo rico nem sempre é muito mais produtivo que o do pobre; ou, pelo menos, nunca é tão produtivo quanto é comum em manufaturas. O cereal do país rico, portanto, nem sempre, no mesmo grau de excelência, chegará mais barato ao mercado do que o do pobre. O trigo da Polônia, no mesmo grau de excelência, é tão barato quanto o da França, apesar da superior opulência e desenvolvimento deste último país. O trigo da França, nas províncias em que é produzido, é tão bom e na maioria dos anos quase do mesmo preço que o cereal inglês, no entanto, em opulência e desenvolvimento, a França seja talvez inferior à Inglaterra. As terras cerealíferas inglesas, porém, são mais bem cultivadas que as da França, e as da França são ditas melhor cultivadas que as da Polônia. Mas se o país pobre, apesar da inferioridade de seu cultivo, pode, em certa medida, rivalizar com o rico no preço e na qualidade de seus cereais, não pode ter pretensões a tal competição quanto às suas manufaturas, pelo menos se elas se adaptam ao solo, clima e localização do país rico. As sedas francesas são melhores e mais baratas que aquelas da Inglaterra, porque a manufatura da seda, além de suportar os pesados encargos de sua importação em bruto, não se adapta tão bem ao clima da Inglaterra quanto ao da França. Mas as ferragens e as lãs grossas produzidas na Inglaterra estão além de qualquer comparação com as da França, e também são muito mais baratas, no mesmo grau de qualidade. Na Polônia, diz-se que há poucas manufaturas de qualquer espécie, exceção feita às mais grosseiras manufaturas caseiras, sem as quais nenhum país pode subsistir direito.

Este grande aumento da quantidade de trabalho que, em consequência da divisão do trabalho, o mesmo número de pessoas é capaz de executar, deve-se a três circunstâncias: primeira, ao aumento de destreza em cada operário; segunda, à economia de tempo que é comumente perdido ao passar de uma espécie de trabalho para outra; finalmente, à invenção de grande número de máquinas, que facilitam e abreviam o trabalho, permitindo a um homem fazer o trabalho de muitos.

Primeiro, a melhora da destreza do operário necessariamente aumenta a quantidade de trabalho que ele pode fazer; e a divisão do trabalho, reduzindo a ocupação de cada homem a alguma operação simples, e tornando esta operação o único emprego de sua vida, necessariamente aumenta em muito a destreza do operário. Um ferreiro comum que, ainda que acostumado ao malho, nunca teve de fazer pregos, se em alguma ocasião for obrigado a tentar fazê-los, dificilmente, estou certo, conseguirá produzir mais que duzentos ou trezentos pregos num dia, e, além disso, muito ruins. Um ferreiro acostumado a fazer pregos que não tenha essa como única ou principal ocupação dificilmente poderia fazer, com sua máxima diligência, mais de oitocentos ou mil pregos por dia. Já vi vários rapazes com menos de vinte anos, que nunca exerceram outro ofício senão fazer pregos, e que, ao esforçar-se, podiam fazer, cada um, mais de 2.300 pregos por dia. A confecção de um prego, porém, de modo algum é operação das mais simples. A mesma pessoa aciona o fole, atiça ou controla o fogo se necessário, aquece o ferro e forja todas as partes do prego: ao forjar a cabeça, ele também é obrigado a trocar de ferramentas. As várias operações em que a feitura de um alfinete, ou de um botão de metal, é subdividida, são todas muito mais simples, e a habilidade da pessoa, cuja vida tenha sido a única ocupação de executá-las, é usualmente muito maior. A rapidez com que algumas das operações desses fabricantes é executada excede o que é possível imaginar, uma vez que a mão humana é capaz de adquirir habilidades e velocidades extraordinárias.

Ganha-se vantagem economizando o tempo comumente perdido ao passar de uma espécie de trabalho para outra. É impossível passar com muita rapidez de um tipo de trabalho para outro feito num lugar diferente, e com ferramentas bem diferentes. Um tecelão rural, que cultiva uma pequena propriedade, deve perder boa parte do tempo passando de seu tear para o campo e do campo para seu tear. Quando os dois afazeres podem ser exercidos numa mesma oficina, a perda de tempo é, sem dúvida, muito menor. Mesmo neste caso, ainda é considerável. Um homem comumente se distrai um pouco ao passar de uma ocupação para outra. Ao começar o novo trabalho, ele é raramente atento e aplicado; sua mente, como dizem, está distante, e por algum tempo ele mais divaga do que se aplica. O hábito de distrair-se e aplicar-se de forma descuidada e indolente, que é natural, ou necessariamente adquirido por todo trabalhador do campo obrigado a mudar de trabalho e ferramentas a cada meia hora e a aplicar o braço em vinte diferentes maneiras quase todo dia de sua vida, torna-o quase sempre indolente e descuidado, incapaz de qualquer aplicação vigorosa, mesmo nas ocasiões mais prementes. Independentemente, portanto, de sua deficiência em matéria de destreza, apenas esta causa deve sempre reduzir de modo considerável o volume de trabalho que ele é capaz de executar.

Terceiro e último, todos devem perceber quanto o trabalho é facilitado e abreviado pela aplicação da maquinaria adequada. É desnecessário dar exemplo. Apenas observarei que a invenção de todas aquelas máquinas pelas quais o trabalho é tão facilitado e abreviado parece ter sido originalmente devida à divisão do trabalho. Os homens tendem sempre a descobrir métodos mais fáceis e prontos de atingir qualquer objetivo, quando toda a atenção de suas mentes é dirigida para aquele único objetivo, do que quando está dissipada em meio a grande variedade de coisas. Mas, em consequência da divisão do trabalho, toda a atenção do homem vem a ser naturalmente dirigida para algum objeto muito simples. É de esperar, portanto, que este ou aquele dos que estão empregados em cada ramo particular do trabalho achem métodos mais fáceis e prontos de fazer seu próprio trabalho, sempre que a natureza deste admitir um tal aperfeiçoamento. Grande parte das máquinas utilizadas nas manufaturas em que o trabalho é grandemente subdividido, foi originalmente invenção de simples operários que, ocupados em alguma operação bem simples, naturalmente voltavam seus pensamentos para descobrir métodos mais fáceis e rápidos para executá-la. A quem quer que tenha se acostumado a visitar tais manufaturas, devem ter sido mostradas amiudadamente ótimas máquinas, invenções de tais operários para facilitar e acelerar sua parte do trabalho. Nas primeiras máquinas a vapor, um menino era sempre usado para abrir e fechar alternadamente a comunicação entre a caldeira e o cilindro, conforme o pistão subisse ou descesse. Um destes meninos, que gostava de brincar com seus companheiros, notou que, atando um cordão da alavanca da válvula que abria essa comunicação a outra parte da máquina, a válvula se abriria e fecharia sem sua assistência, deixando-o livre para divertir-se com os colegas. Um dos maiores aperfeiçoamentos feitos nesta máquina foi, assim, descoberta de um menino que queria se poupar trabalho.

Toda melhoria de máquinas, porém, de modo algum foi invenção só daqueles que tiveram ocasião de usá-las. Muitas vezes deveu-se à engenhosidade dos fabricantes das máquinas, quando construí-las tornou-se uma indústria à parte, e outras vezes deveu-se àqueles chamados filósofos, ou homens especulativos, cujo negócio não é fazer algo, mas observar tudo, e que, por esta razão, são amiúde capazes de combinar o poder dos mais distantes e dissimilares objetos. No progresso da sociedade, a filosofia ou especulação torna-se, como qualquer outro emprego, a principal ou única ocupação e negócio de uma classe particular de cidadãos. Tal como qualquer outra ocupação, também está subdividida num grande número de ramos diferentes, cada um permitindo o trabalho de uma peculiar tribo ou classe de filósofos, e esta subdivisão do emprego em filosofia, bem como em qualquer outro negócio, melhora a destreza e poupa tempo. Cada indivíduo torna-se mais experto em seu ramo particular, mais trabalho é feito pelo todo, e a quantidade de ciência é consideravelmente, por isso, elevada.

É a grande multiplicação da produção de todas as diferentes técnicas, em consequência da divisão do trabalho, que ocasiona, numa sociedade bem governada, aquela opulência universal que se estende às classes mais baixas do povo. Todo operário tem uma grande quantidade do próprio trabalho disponível, além de suas necessidades, e todo outro operário, estando exatamente na mesma situação, fica capacitado a trocar grande quantidade dos próprios bens por uma grande quantidade, ou o que dá no mesmo, pelo preço de uma grande quantidade dos bens dos outros. Fornece-lhes abundantemente o que eles precisam e estes o abastecem com o que precisar, e uma abundância geral difunde-se por todas as classes sociais.

Observai as comodidades do mais simples artífice ou jornaleiro num país civilizado e desenvolvido, e percebereis que o número de pessoas cuja indústria uma parte, mesmo que mínima, foi empregada em proporcionar-lhe tal conforto, excede todo cálculo. O casaco de lã, por exemplo, que cobre o jornaleiro, grosseiro e áspero que possa parecer, é produto do labor combinado de grande multidão de operários. O pastor, o tosador de lã, o penteador, o cardador, o tintureiro, o fiador, o tecelão, o pisoeiro, o alfaiate, como muitos outros, devem todos reunir suas técnicas para perfazer mesmo esta produção caseira. Quantos mercadores e transportadores também devem ser empregados para transportar os materiais de alguns destes trabalhadores para outros, que frequentemente vivem numa região muito distante do país! Quanto comércio e navegação em particular, quantos armadores, marujos, fabricantes de velas, cardoeiros, devem ser empregados para reunir as diversas drogas usadas pelo tintureiro, que muitas vezes vêm dos cantos mais remotos do mundo! Que variedade de trabalho, também, é necessária para produzir as ferramentas do mínimo destes operários! Para não falar das complicadas máquinas como o navio, do marujo, a mó do pisoeiro, ou mesmo o tear do tecelão; consideremos apenas que diversidade de trabalho é necessária para formar aquela máquina simplíssima, a tesoura com que o pastor tosa a lã. O mineiro, o construtor da fornalha para derreter o minério, o madeireiro, o carvoeiro que fornece o carvão para a fundição, o tijoleiro, o pedreiro, os operários da fornalha, o mestre do forno, o mestre da forja, o ferreiro, todos devem reunir suas técnicas para fabricar a tesoura.

Fôssemos examinar, do mesmo modo, todas as diversas partes de sua vestimenta e mobília doméstica, a camisa de linho grosso que veste sobre a pele, os sapatos que cobrem seus pés, a cama em que se deita, e todas as peças que a compõem, a grelha da cozinha onde prepara suas vitualhas, os carvões de que se utiliza para tanto, escavado das entranhas da terra e trazido a ele talvez por um extenso oceano e um longo transporte terrestre; todos os outros utensílios de sua cozinha, tudo o que cobre sua mesa, as facas e os garfos, os pratos de barro ou de estanho em que ele serve e reparte suas vitualhas, as diversas pessoas empenhadas em preparar seu pão e sua cerveja, a janela de vidro, que deixa entrar o calor e a luz e deixa de fora o vento e a chuva, com todo o conhecimento e arte necessários para preparar aquela linda e feliz invenção, sem o que estas regiões setentrionais do mundo dificilmente poderiam ter conseguido habitação confortável, bem como as ferramentas de todos os operários empregados na produção dessas várias comodidades; se examinarmos, repito, todas essas coisas, e considerarmos que variedade de trabalho é empregada em cada uma delas, perceberemos que, sem a assistência e a cooperação de muitos milhares, a mais simples pessoa num país civilizado não poderia ser dotada nem mesmo de acordo com o que falsamente imaginamos, da maneira mais fácil e simples pela qual comumente está acomodada. Comparada, de fato, com o mais extravagante luxo dos grandes, sua acomodação sem dúvida deve parecer muito simples, e, ainda assim, pode ser verdade que as acomodações de um príncipe europeu nem sempre excedam tanto a de um frugal e industrioso camponês quanto a acomodação deste excede a de muito rei africano, mestre absoluto das vidas e liberdade de dez mil selvagens nus.

DO PRINCÍPIO QUE DÁ OCASIÃO À DIVISÃO DO TRABALHO

Essa divisão do trabalho, da qual tantas vantagens derivam, não é originalmente efeito de qualquer sabedoria humana, que prevê e provê aquela opulência geral a que dá ocasião. É a necessária, se bem que muito lenta e gradual, consequência de uma certa propensão da natureza humana que não tem em vista uma utilidade tão extensa: a tendência para comerciar, barganhar e trocar uma coisa por outra.

Se esta propensão é um dos princípios originais da natureza humana, de que não se pode falar mais, ou se, como parece mais provável, é a consequência necessária das faculdades da razão e da fala, não pertence à investigação de nosso presente assunto. É comum a todos os homens, não sendo encontrada em nenhuma outra raça de animais, que parecem não conhecer esta nem qualquer outra forma de contratos. Dois galgos, perseguindo a mesma lebre, por vezes parecem estar em alguma espécie de concerto. Cada um dirige-a para seu companheiro, ou procura interceptá-la quando seu companheiro a dirige para si. Isto, no entanto, não é o efeito de contrato, mas da concorrência acidental de suas paixões pelo mesmo objeto, num dado momento. Ninguém jamais viu um cão fazer uma troca justa e deliberada de um osso por outro, com outro cão. Ninguém jamais viu um animal, por seus gestos e gritos naturais, dizer a outro: isto é meu, aquilo, seu; estou querendo trocar isto por aquilo. Quando um animal deseja obter algo de um homem, não tem outros meios de persuasão senão ganhar o favor daqueles cujo serviço requer. Um cãozinho acaricia sua mãe, e um perdigueiro procura, por mil atrações, chamar a atenção de seu dono que está jantando, quando quer ser alimentado por ele. O homem usa, às vezes, a mesma arte com seus semelhantes, e quando não tem outro meio de levá-los a agir de acordo com suas inclinações, procura, por toda servil e bajuladora atenção, obter sua boa vontade. Não tem tempo, porém, de assim fazer em toda ocasião. Na sociedade civilizada ele está precisando a toda hora de cooperação e assistência de grandes multidões, sendo sua vida inteira mal o suficiente para ganhar a amizade de umas poucas pessoas. Em quase todas as outras raças de animais o indivíduo, quando chega à maturidade, é inteiramente independente, e em seu estado natural, não tem ocasião para a assistência de qualquer outra criatura viva. Mas o homem tem quase sempre oportunidade de ajudar seus semelhantes, e é vão que ele o espere apenas por benevolência. Ele poderá prevalecer, mais provavelmente, se puder interessar o amor-próprio deles em seu favor, e mostrar-lhes que é para sua própria vantagem fazer para ele aquilo que está lhes exigindo. Quem quer que ofereça a outrem uma barganha de qualquer tipo, está propondo isto. Dá-me aquilo que desejo e terás isto que desejas é o significado de toda oferta assim, e é destarte que obtemos uns dos outros a franca maioria dos bons ofícios de que necessitamos. Não é da benevolência do açougueiro, cervejeiro ou padeiro que esperamos nosso jantar, mas da preocupação por seu interesse. Dirigimo-nos não à sua humanidade, mas ao seu amor-próprio, e nunca lhes falamos de nossas necessidades, mas das vantagens deles. Ninguém, senão um pedinte, escolhe depender principalmente da generosidade de seus concidadãos, nem mesmo o mendigo depende dela inteiramente. A caridade das pessoas de boa vontade, realmente, fornece-lhe todo o fundo de sua subsistência. Mas se bem que este princípio lhe proporcione todas as necessidades da vida de que ele tem precisão, não lhe proporciona no momento em que ele as necessita. A maior parte das suas necessidades esporádicas é suprida da mesma maneira que as das outras pessoas, por acordo, barganha e compra. Com o dinheiro que um homem lhe dá, ele compra comida. As velhas roupas que um outro lhe dá, ele troca por outras roupas velhas, que lhe servem melhor ou usa para ter alojamento ou comida ou dinheiro, com que ele pode comprar comida, roupas ou alojamento, conforme precisar.

Como é por acordo, barganha ou compra que obtemos uns dos outros a maior parte daqueles mútuos bons ofícios de que carecemos, assim é esta mesma disposição comercial que originalmente dá ocasião à divisão do trabalho. Numa tribo de caçadores ou pastores, uma determinada pessoa faz arcos e flechas, por exemplo, com mais prontidão e destreza que qualquer outra. Frequentemente troca-os por gado ou caça, em vez de ela mesma ir ao campo atrás deles. Ocupando-se de seu próprio interesse, portanto, a confecção de arcos e flechas passa a ser sua principal ocupação, e ela se transforma numa espécie de armeiro. Outra é excelente em fazer as armações e coberturas de suas cabanas, ou casas móveis. Está acostumada a ser desta maneira útil a seus vizinhos, que igualmente a recompensam com gado e caça, até que ela descobre ser de seu interesse dedicar-se inteiramente a este afazer, tornando-se uma espécie de carpinteiro de casas. Do mesmo modo, uma terceira se torna ferreiro ou caldeireiro, uma quarta, tanoeiro ou preparador de couros ou peles, a principal parte da vestimenta dos selvagens. E assim, a certeza de ser capaz de trocar todo aquele excesso do produto do trabalho de outros homens quando tiver ocasião encoraja todo homem a aplicar-se a uma ocupação em especial, cultivar e levar à perfeição o talento ou gênio que ele possa possuir para aquela particular espécie de negócio.

 A diferença dos talentos naturais em diferentes homens é, de fato, muito menor do que temos consciência, e o gênio muito diverso que parece distinguir homens de distintas profissões, quando chegam à maturidade, não é, em muitas ocasiões, a causa, mas sim o efeito da divisão do trabalho. A diferença entre os caracteres mais dissemelhantes, entre um filósofo e um simples carregador, por exemplo, parece surgir não tanto da natureza quanto do hábito, costume e educação. Quando vieram ao mundo, e pelos primeiros seis ou oito anos de suas existências, eram quiçá muito semelhantes, e nem seus pais ou companheiros perceberiam qualquer diferença notável. Por volta daquela idade, ou pouco depois, passam a empregar-se em várias ocupações. A diferença de talentos vem então a ser notada, e cresce gradativamente, até que, por fim, a vaidade do filósofo não deseja reconhecer quase nenhuma semelhança. Mas, sem a disposição de comerciar, trocar e barganhar, o homem deveria produzir para si mesmo toda necessidade e utilidade que quisesse ter. Todos deveriam ter as mesmas obrigações a cumprir e o mesmo trabalho a fazer, e não poderia haver tal diferença de emprego que pudesse dar ocasião a qualquer grande diferença de talentos.

Assim como é com esta disposição que forma a diferença de talentos, tão notável entre homens de diferentes profissões, assim é a mesma disposição que torna essa diferença útil. Muitos grupos de animais reconhecidos como sendo todos da mesma espécie derivam da natureza uma distinção muito mais notável de gênio que a que, antecedendo o costume e a educação, vem ter lugar entre os homens. Por natureza, um filósofo não é, em gênio e disposição, muito diferente de um carregador, como um mastim de um galgo, ou um galgo de um perdigueiro, ou este de um cão pastor. Essas diferentes tribos de animais, no entanto, sendo da mesma espécie, raramente são de alguma utilidade umas para as outras. A força do mastim não é minimamente suportada pela agilidade do galgo, pela sagacidade do perdigueiro ou pela docilidade do cão pastor. Os efeitos desses diferentes gênios e talentos, por falta do poder ou disposição de comerciar e trocar, não podem ser combinados, e não contribuem minimamente para a melhor comodidade e utilidade da espécie. Cada animal ainda é obrigado a sustentar e defender a si mesmo, separada e independentemente, não derivando vantagem alguma daquela variedade de talentos com que a natureza distinguiu seus companheiros. Entre os homens, ao contrário, os gênios mais dissímiles são de utilidade uns para os outros; os diferentes produtos de seus talentos, pela disposição geral para comerciar, barganhar e trocar, são reunidos como que a um patrimônio comum, no qual qualquer homem pode adquirir a parte do produto do talento de outros homens de que ele necessitar.

QUE A DIVISÃO DO TRABALHO É LIMITADA PELA EXTENSÃO DO MERCADO

Como é o poder de troca que dá ocasião à divisão do trabalho, assim, a extensão da divisão deve sempre ser limitada pela extensão desse poder, ou, em outras palavras, pela extensão do mercado. Quando o mercado é muito pequeno, ninguém pode ter nenhum encorajamento para dedicar-se inteiramente a um emprego, por falta de poder trocar o excesso do produto de seu próprio trabalho, que está muito acima de seu consumo, pelo correspondente do trabalho dos outros homens, conforme necessitar.

Há algumas espécies de indústria, mesmo do tipo mais inferior, que só podem ser exercidas numa grande cidade. Um carregador, por exemplo, não pode achar emprego e subsistência em nenhum outro lugar que não seja uma cidade grande. Um vilarejo é um local demasiado estreito para ele; mesmo uma cidade com um mercado mediano não é suficiente para lhe garantir ocupação constante.

Nas casas isoladas e em vilarejos espalhados numa região deserta, assim como nas montanhas escocesas, todo lavrador deve ser açougueiro, padeiro e cervejeiro da própria família. Em tais situações, mal podemos esperar encontrar um ferreiro, um carpinteiro ou um pedreiro a menos de vinte milhas de outro do mesmo ofício. As famílias dispersas que vivem a oito ou dez milhas de distância do mais próximo deles devem aprender a fazer sozinhas um grande número de pequenos trabalhos, para os quais, numa região mais populosa, chamariam pela assistência daqueles artífices. Os artífices do campo são quase sempre obrigados a se aplicarem a todos os diversos ramos da indústria que têm afinidade uns com os outros, empregando a mesma espécie de materiais. Um carpinteiro do campo lida com o trabalho em madeira; um ferreiro do campo, com o trabalho em ferro. O primeiro não é só um carpinteiro, mas marceneiro, entalhador, fabricante de rodas, arados, carroças e carruagens. As atividades do último são ainda mais variadas. É impossível haver um comércio como o do fabricante de pregos nas regiões remotas do interior das montanhas da Escócia. Tal trabalhador, a uma taxa de mil pregos por dia e trezentos dias de trabalho por ano, fará trezentos mil pregos por ano. Mas em tal situação, seria impossível comerciar mil, isto é, o trabalho de um dia, em todo um ano.

O transporte aquático apresenta um mercado mais extenso, aberto a toda espécie de indústria, mais extenso que o transporte terrestre, pois pelo litoral e pelos rios navegáveis a indústria de toda espécie começa a se subdividir e aperfeiçoar-se, e, em geral, só muito tempo depois estes aperfeiçoamentos se estendem às regiões interiores do país. Uma carroça, de duas grandes rodas, conduzida por dois homens e puxada por oito cavalos, num tempo de seis semanas, carrega, entre Londres e Edimburgo, cerca de quatro toneladas de mercadorias. No mesmo tempo, um navio, tripulado por seis ou oito homens, navegando entre os portos de Londres e Leith, frequentemente transporta duzentas toneladas de mercadorias. Seis ou oito homens, portanto, com o transporte aquático, podem levar, no mesmo tempo, igual quantidade de mercadorias entre Londres e Edimburgo à que cinquenta carroças de duas rodas, conduzidas por cem homens e puxadas por quatrocentos cavalos, levariam. Sobre as duzentas toneladas de mercadorias, portanto, com o mais barato transporte terrestre de Londres a Edimburgo, incide a manutenção de duzentos homens durante três semanas e também a manutenção e, o que é quase igual à manutenção, o desgaste de quatrocentos cavalos, bem como o de cinquenta carroções. Entrementes, sobre a mesma quantidade de mercadorias transportadas pela água, incide apenas a manutenção de seis ou oito homens e o desgaste de um navio de duzentas toneladas de carga, bem como o valor de um maior risco, ou a diferença do seguro entre o transporte terrestre e por água. Se não houvesse comunicação entre esses dois lugares, senão por terra, como só poderiam ser transportadas as mercadorias cujo preço fosse considerável em proporção a seu peso, poderiam transportar apenas pequena parte daquele comércio que atualmente subsiste entre eles, e consequentemente poderia dar só pequena parte daquele encorajamento que atualmente podem proporcionar mutuamente às respectivas indústrias. Haveria pouco ou nenhum comércio de qualquer espécie entre as distantes regiões do mundo. Que mercadorias poderiam compensar a despesa do transporte terrestre entre Londres e Calcutá? Ou, se houvesse alguma preciosidade que compensasse esta despesa, com que segurança poderia ser transportada através dos territórios de tantas nações bárbaras? Aquelas duas cidades, atualmente, não obstante, praticam um considerável negócio entre si, sustentando um comércio mútuo, encorajando as indústrias uma da outra.

Uma vez que estas, pois, são as vantagens do transporte aquático, é natural que os primeiros aperfeiçoamentos das técnicas e da indústria sejam feitos onde esta conveniência possibilita a todos um mercado do produto de toda espécie de trabalho, e que sempre seja mais retardada a expansão para o interior do país. As regiões interioranas de um país podem, por muito tempo, não ter outro mercado senão sua região circunvizinha, que as separam do litoral e dos grandes rios navegáveis. A extensão de seu mercado, portanto, deve, por um longo período, ser proporcional às riquezas e à população daquela região, e consequentemente seu aumento deve sempre ser posterior ao desenvolvimento do país. Em nossas colônias norte-americanas as plantações seguiram constantemente o litoral ou as margens dos rios navegáveis, e muito pouco se estenderam a qualquer distância considerável de ambos.

As nações que, de acordo com a melhor história autenticada, parecem ter sido as primeiras civilizadas foram aquelas do litoral do mar Mediterrâneo. Este mar, o maior mar interior conhecido no mundo, não tendo marés, nem consequentemente quaisquer ondas, exceto as que são causadas pelo vento, foi, pela suavidade de sua superfície, bem como pela profusão de suas ilhas e a proximidade das suas costas, extremamente favorável à infância da navegação no mundo, quando, pela ignorância da bússola, os homens temiam deixar a vista da costa e, pela imperfeição da arte da construção naval, abandonarem-se às tormentosas ondas do oceano. Passar além das colunas de Hércules, ou seja, navegar além do estreito de Gibraltar, era, no mundo antigo, considerado um feito maravilhoso e perigoso. Demorou muito para que até os fenícios e cartagineses, os mais hábeis navegadores e construtores de navios daqueles velhos tempos, o tentassem, e por muito tempo foram as únicas nações a fazê-lo.

De todos os países na costa do mar Mediterrâneo, o Egito parece ter sido o primeiro em que a agricultura ou as manufaturas foram cultivadas e aperfeiçoadas em qualquer grau considerável. O Egito Superior estende-se apenas algumas milhas Nilo acima, e no Egito Inferior, aquele grande rio se divide em muitos canais, que, com a assistência de alguma técnica, parecem ter permitido uma comunicação por água, não só entre todas as grandes cidades, mas entre todas as vilas consideráveis, e mesmo em muitas moradias dos campos, quase do mesmo modo que se faz com o Reno e o Maas na Holanda, atualmente. A extensão e a facilidade desta navegação interior foram provavelmente as principais causas do primitivo desenvolvimento do Egito.

O desenvolvimento agrícola e manufatureiro parece, igualmente, ter sido da mais alta antiguidade nas províncias de Bengala, nas Índias Orientais, e em algumas das províncias orientais da China, se bem que a grande extensão desta antiguidade não seja autenticada por quaisquer histórias de cuja autoridade nós, desta parte do mundo, tenhamos certeza. Em Bengala, o Ganges e vários outros rios formam um grande número de canais navegáveis, do mesmo modo que o Nilo o faz no Egito. Nas províncias orientais da China também vários grandes rios formam, por suas diferentes ramificações, multidão de canais, e sua intercomunicação permite uma navegação interior muito mais extensa que a do Nilo ou do Ganges, ou, talvez, do que ambos juntos. É notável que nem os antigos egípcios, nem os hindus, nem os chineses, encorajaram o comércio exterior, mas parecem ter derivado a sua opulência desta navegação interna.

Todo o interior da África e aquela parte da Ásia que está a qualquer distância considerável ao norte dos mares Euxino e Cáspio, a antiga Cítia, as modernas Tartária e Sibéria, parecem, em todas as eras do mundo, ter estado no mesmo estado bárbaro e incivilizado em que atualmente as encontramos. O mar da Tartária é o oceano gelado que não admite navegação, e, se bem que alguns dos maiores rios do mundo corram por aquele país, estão a uma distância muito grande entre si para levar comércio e comunicação por sua maior parte. Na África não há grandes mares interiores, como o Báltico e o Adriático na Europa, o Mediterrâneo e o Euxino, tanto na Europa como na Ásia, e os golfos da Arábia, da Pérsia, da Índia, de Bengala e do Sião, na Ásia, para levar o comércio marítimo às regiões interiores daquele grande continente, e os grandes rios da África estão muito distanciados entre si para possibilitar qualquer navegação interna. O comércio que qualquer nação pode levar a cabo por meio de um rio que não se reparte em grande número de afluentes ou canais e atravesse outro território antes de dar no mar nunca pode ser muito considerável; pois está sempre no poder das nações que possuem aquele outro território obstruir a comunicação entre o país superior e o mar. A navegação do Danúbio é de muito pouco uso para os vários Estados da Bavária, da Áustria e da Hungria, em comparação com o que seria se qualquer deles possuísse todo seu curso, até desaguar no mar Negro.

DA ORIGEM E DO USO DO DINHEIRO

Estando a divisão do trabalho bem estabelecida, é apenas pequeníssima parte das necessidades de um homem que é suprida pelo produto do próprio trabalho. Ela satisfaz à maioria delas trocando aquela parte em excesso do produto do próprio trabalho que está muito acima de seu consumo, pelas partes do produto do trabalho dos outros de que necessitar. Todo homem, assim, vive pela troca, ou se torna, até certa medida, mercador, e a sociedade cresce até ser uma sociedade comercial propriamente dita.

Mas quando a divisão do trabalho começou a ter lugar, este poder de troca muitas vezes deve ter sido obstruído ou embaraçado em suas operações. Um homem, suponhamos, tem mais de uma certa utilidade do que ele precisa, ao passo que outro tem menos. O primeiro, consequentemente, gostaria de se livrar dela, e o outro, de adquirir parte deste supérfluo. Mas se este porventura não tiver nada de que o primeiro precisa, nenhuma troca pode se dar entre eles. O açougueiro tem mais carne em sua loja do que ele mesmo pode consumir, e o cervejeiro e o padeiro desejariam, cada um deles, comprar uma parte. Mas eles nada têm a oferecer em troca, exceto os diferentes produtos de seus respectivos negócios, e o açougueiro já está provido com todo o pão e cerveja de que necessita imediatamente. Nenhuma troca, neste caso, pode ser feita entre eles. Não pode ser seu mercador nem ele seus clientes, e todos são, assim, menos úteis uns aos outros. Para se evitar a inconveniência de tais situações, todo homem prudente, em toda era da sociedade, depois do primeiro estabelecimento da divisão do trabalho, deve naturalmente ter se esforçado para regular seus negócios de tal modo a ter todo o tempo consigo, além da produção peculiar à sua indústria, uma certa quantidade ou uma ou outra utilidade que ele pensava que poucas pessoas recusariam em troca pelo produto de sua indústria.

Diversas utilidades foram sucessivamente consideradas e empregadas para este fim. Nas eras rudes da sociedade, diz-se que o gado foi o instrumento comum de comércio, se bem que deva ter sido um instrumento bastante inconveniente; no entanto, nos tempos antigos, achamos coisas que eram comumente avaliadas de acordo com o número de cabeças de gado que foram dadas em troca por elas. A armadura de Diomedes, diz Homero, custou apenas nove bois; mas a de Glauco custou cem bois. Diz-se que o sal era o instrumento comum do comércio e das trocas na Abissínia; uma espécie de concha, em algumas partes do litoral da Índia; bacalhau seco, na Terra Nova; tabaco, na Virgínia; açúcar, em algumas de nossas colônias das Índias Ocidentais; peles ou couro curtido, em alguns outros países; e ainda hoje há uma vila na Escócia onde não é raro, segundo me disseram, que um trabalhador carregue pregos em vez de dinheiro, para pagar ao padeiro ou à cervejaria.

Em todo país, porém, os homens parecem determinados, por razões irresistíveis, a dar preferência, para esta aplicação, aos metais acima de toda outra utilidade. Os metais não só podem ser conservados com um mínimo de perdas, sendo pouquíssimo perecíveis, mas igualmente, sem nenhuma perda, podem ser divididos em qualquer número de partes, bem como por fusão estas partes podem ser facilmente reunidas de novo; uma qualidade que nenhuma outra utilidade igualmente durável possui, e que, mais do que qualquer outra coisa, torna-os aptos a serem instrumento do comércio e da circulação. O homem que quisesse comprar sal, por exemplo, e só tivesse gado para dar em troca, deveria ser obrigado a comprar sal no valor de um boi inteiro, ou de um cordeiro inteiro, de uma vez. Seria improvável comprar menos que isto, porque o que teria de dar em troca dificilmente poderia ser dividido sem perdas, e se tivesse em mente comprar mais, pela mesma razão, deveria comprar o dobro ou o triplo da quantidade, para compensar o valor de dois ou três bois, ou carneiros. Se, pelo contrário, em vez de carneiros ou bois, tivesse metais para dar em troca, poderia facilmente proporcionar a quantidade do metal à exata quantidade da utilidade que necessitasse imediatamente.

Diferentes metais foram utilizados por nações distintas para este fim. O ferro foi o instrumento comum de comércio entre os antigos espartanos; o cobre, entre os antigos romanos; e o ouro e a prata, entre todas as nações ricas e comerciantes.

Esses metais parecem ter sido utilizados originalmente em barras rústicas, sem selo ou cunhagem. Assim nos é contado por Plínio[1], pela autoridade de Timeu, antigo historiador, que até o tempo de Servius Tullius, os romanos não tinham dinheiro cunhado, mas faziam uso de barras de cobre não estampadas para comprar aquilo de que precisavam. Estas barras brutas, portanto, faziam, naquele tempo, o papel de dinheiro.

O uso de metais neste estado bruto era afetado por duas grandes inconveniências: primeira, o trabalho da pesagem; segunda, onde ensaiá-los. Nos metais preciosos, em que pequena diferença na quantidade faz grande diferença no valor, mesmo o trabalho de pesar, com a precisão adequada, requer pelo menos pesos e balanças muito precisos. A pesagem de ouro, em particular, é uma operação de alguma delicadeza. Nos metais mais grosseiros, em que um pequeno erro seria de pequena consequência, menos precisão seria,

---

1. Plínio, *Historia Naturalis*, XXXIII, 3.

sem dúvida, necessária. Contudo, acharíamos muito trabalhoso se cada vez que um homem pobre tivesse de comprar ou vender um tostão em bens fosse obrigado a pesar o tostão. A operação do ensaio é ainda mais difícil, mais tediosa, e a menos que parte do metal seja bem derretida no cadinho, com os solventes adequados, nenhuma conclusão se pode tirar que seja precisa. Antes da instituição da moeda cunhada, a menos que passassem por esta tediosa e difícil operação, as pessoas estavam sempre sujeitas às maiores fraudes e imposturas, e em vez do peso de uma libra de prata, ou de cobre puro, podiam receber, em troca de seus bens, uma composição adulterada dos materiais mais grosseiros e baratos que, no entanto, por seu aspecto exterior, eram feitos à semelhança daqueles metais. Para prevenir tais abusos, facilitar as trocas, e assim encorajar toda sorte de indústria e comércio, achou-se necessário, em todos os países que fizeram qualquer esforço considerável de desenvolvimento, apor selo público sobre certas quantidades de determinados metais, que eram usuais naqueles países, para a compra de bens. Daí a origem do dinheiro cunhado e das oficinas públicas de cunhagem; instituições exatamente da mesma natureza das de chancela de tecido de linho e lã. Todas elas devem certificar, por meio de um selo público, a quantidade e a qualidade uniforme daquelas diversas utilidades, quando comercializadas.

Foi destarte que o dinheiro tornou-se, em todas as nações civilizadas, o instrumento universal do comércio, pela intervenção do que mercadorias de todos os tipos são compradas e vendidas, ou trocadas umas pelas outras.

Quais são as regras que os homens naturalmente observam ao trocá-las por dinheiro ou umas pelas outras, agora passarei a examinar. Estas regras determinam o que pode ser chamado valor relativo ou de troca das mercadorias.

A palavra valor, deve ser observado, tem dois significados diferentes e, por vezes, expressa a utilidade de algum objeto particular e, por vezes, o poder de adquirir outros bens que a posse daquele objeto proporciona. O primeiro pode ser chamado "valor de uso", o segundo, "valor de troca". As coisas com maior valor de uso frequentemente têm pouco ou nenhum valor de troca; e, pelo contrário, aquelas que têm o maior valor de troca, com frequência, têm pouco ou nenhum valor de uso. Nada é mais útil que a água, mas dificilmente com ela se comprará algo. Um diamante, pelo contrário, raramente tem utilidade, mas uma grande quantidade de coisas pode amiúde ser trocada por ele.

Para que possamos investigar os princípios que regulam o valor de troca das mercadorias, tentarei mostrar:

Primeiro, qual é a real medida deste valor trocável, ou em que consiste o preço real de todas as mercadorias.

Segundo, quais são as diferentes partes de que esse preço real se compõe.

E, finalmente, quais são as diferentes circunstâncias que por vezes elevam algumas ou todas as várias partes do preço acima e, outras vezes, as rebaixam de sua cotação natural ou ordinária; ou quais são as causas que eventualmente obstaculizam o preço de mercado, isto é, o preço real da mercadoria, de que coincida exatamente com o que pode ser chamado de seu preço natural.

Procurarei explicar a seguir, tão completa e distintamente quanto puder, estes três assuntos, pelo que devo encarecidamente pedir a paciência e a atenção do leitor: sua paciência, para examinar um pormenor que talvez em alguns pontos pareça desnecessariamente tedioso; e sua atenção para compreender o que possa, talvez, depois da mais completa explicação de que sou capaz, ainda parecer, em certo grau, obscuro. Prefiro sempre correr o risco de ser tedioso, para que possa certificar-me de ser claro, e depois de tomar o máximo cuidado para tanto, alguma obscuridade ainda pode parecer restar sobre um assunto por natureza extremamente abstrato.

DO PREÇO REAL E NOMINAL DAS MERCADORIAS, DE SEU PREÇO EM TRABALHO E SEU PREÇO EM DINHEIRO

O homem é rico ou pobre segundo o grau em que pode adquirir as necessidades, conveniências e diversões da vida humana. Mas depois que a divisão do trabalho foi bem implantada, é uma parte bem pequena disso que o trabalho do homem proporciona. A maioria delas, ele deve derivar do trabalho de outras pessoas, e será rico ou pobre, de acordo com a quantidade daquele trabalho que pode comandar, ou que ele pode adquirir. O valor de qualquer mercadoria, portanto, para a pessoa que a possui, e que não pretende usá-la, ou consumi-la, mas trocá-la por outras mercadorias, é igual à quantidade de trabalho que o capacita a comprar ou comandar. O trabalho, portanto, é a medida real do valor de troca de todas as mercadorias.

O preço real de tudo, o que tudo realmente custa para o homem que deseja adquirir, é o labor e o incômodo de adquiri-lo. O que tudo realmente vale para o homem que adquiriu, e que quer dispor disto ou trocar por algo, é o incômodo e o labor que pode poupar a si mesmo, e que pode impor a outrem. O que é comprado com dinheiro ou bens é comprado pelo trabalho na mesma medida do que adquirirmos com o esforço de nosso corpo. Esse dinheiro, ou esses bens, de fato poupam-nos este esforço. Contêm o valor de uma certa quantidade de trabalho, que trocamos pelo que se supõe, no momento, que contenha o valor de mesma quantidade. O trabalho foi o primeiro preço, a moeda de troca original, que pagava todas as coisas. Não era com ouro ou prata, mas pelo trabalho, que toda a riqueza do mundo foi originalmente adquirida; e este valor, para aqueles que o possuem e querem trocá-lo por alguma nova produção, é precisamente igual à quantidade de trabalho que lhes permite comprar ou comandar.

A riqueza, como diz o sr. Hobbes, é o poder. Mas a pessoa que adquire, ou herda uma grande fortuna, não adquire nem herda necessariamente nenhum poder político, civil ou militar. Sua fortuna pode, talvez, proporcionar-lhe os meios de adquirir ambos, mas a mera posse daquela fortuna não os traz necessariamente. O poder que aquela posse traz imediata e diretamente é o poder de compra; um certo comando sobre todo o trabalho, ou sobre todo o produto do trabalho, que então esteja no mercado. Sua fortuna é maior ou menor precisamente na proporção da extensão deste poder, ou à quantidade do trabalho de outrem, ou, o que dá no mesmo, do produto do trabalho de outrem, que lhe permite adquirir ou comandar. O valor de troca de tudo deve ser sempre precisamente igual à extensão deste poder que traz a seu possuidor.

Mas, se bem que o trabalho seja a medida real do valor de troca de todas as mercadorias, não é por ele que seu valor é usualmente avaliado. Frequentemente é difícil precisar a proporção entre duas quantidades diferentes de trabalho. O tempo gasto em duas espécies diferentes de trabalho nem sempre determinará sua proporção. Os diferentes graus de dificuldade suportada, e da engenhosidade exercida, devem semelhantemente ser levados em consideração. Pode haver mais trabalho numa hora de trabalho duro do que em duas horas de negócios fáceis, ou numa hora de aplicação a um ofício que levou dez anos de trabalho para aprender do que a indústria de um mês num emprego ordinário e óbvio. Mas não é fácil achar nenhuma medida precisa, de dificuldade ou engenhosidade. Ao trocar, com efeito, as diversas produções das diversas naturezas de trabalho umas pelas outras, comumente se fazem algumas concessões mútuas. O ajuste se dá, entretanto, não por uma medida acurada, mas pelo regatear e barganhar do mercado, de acordo com uma espécie de igualdade grosseira que, mesmo inexata, é suficiente para efetivar os negócios da vida cotidiana.

Toda mercadoria, além do mais, é mais costumeiramente trocada, e portanto comparada, com outras mercadorias do que com trabalho. É mais natural, portanto, estimar seu valor de troca pela quantidade de alguma outra mercadoria do que pelo trabalho que pode comprar. A maioria das pessoas, também, entende melhor o que se entende por uma quantidade de uma dada mercadoria do que por uma quantidade de trabalho. Uma é um objeto simples e palpável; a outra é uma noção abstrata, que, se bem que possa ser tornada suficientemente inteligível, não é tão natural e óbvia.

Mas quando cessa a troca, e o dinheiro torna-se o instrumento comum do comércio, cada mercadoria é mais frequentemente trocada por dinheiro do que por qualquer outra mercadoria. O açougueiro dificilmente carrega bifes ou um carneiro ao padeiro, ou ao cervejeiro, para trocá-los por pão ou cerveja. A quantidade de dinheiro que ele recebe pela carne regula também a quantidade de pão e cerveja que depois ele pode comprar. É mais natural e óbvio para ele, portanto, avaliá-los pela quantidade de dinheiro, a mercadoria pela qual ele imediatamente as troca, do que pela quantidade de pão e cerveja, mercadorias que só pode trocar pela intervenção de uma outra; será preferível dizer que a carne do açougueiro vale três ou quatro pence a libra, do que três ou quatro libras de pão, ou três ou quatro quartos de cerveja. Donde o valor de troca de cada mercadoria vem a ser mais frequentemente avaliado pela quantidade de dinheiro que pela quantidade de trabalho ou por qualquer outra mercadoria que pode ser obtida em troca dele.

O ouro e a prata, no entanto, como qualquer outra mercadoria, variam em seu valor, sendo por vezes mais caros, outras mais baratos, às vezes mais difíceis, outras mais fáceis de comprar. A quantidade de trabalho que qualquer quantidade particular deles pode comprar ou ordenar, ou a quantidade de outros bens que trocará, depende sempre da fertilidade ou não das minas conhecidas na época em que tais trocas são feitas. A descoberta das abundantes minas da América reduziu, no século XVI, o valor do ouro e da prata na Europa para cerca de um terço do que havia sido antes. Como custa menos trabalho trazer estes metais da mina ao mercado, quando aqui eram comprados, comprariam ou ordenariam menos trabalho, e esta revolução em seu valor, talvez a maior, de modo algum é a única de que a história dá conta. Mas assim como a medida natural de uma quantidade, como o pé, a braça, a mancheia, que variam continuamente, nunca pode ser medida precisa da quantidade de outras coisas, assim, uma mercadoria que está continuamente variando o próprio valor nunca pode ser medida precisa do valor de outras mercadorias. Quantidades iguais de trabalho, em qualquer tempo ou lugar, são ditas de mesmo valor para o trabalhador. Em seu estado ordinário de saúde, força e consciência, no grau ordinário de capacidade e destreza, ele deve sempre renunciar à mesma porção de sua folga, sua liberdade e sua felicidade. O preço que ele paga deve sempre ser o mesmo, qualquer que seja a quantidade de bens que receba em retorno. Destes, com efeito, ele pode por vezes comprar uma quantidade ora maior, ora menor; mas é seu valor que varia, não o valor do trabalho que os compra. Em todo o tempo e lugar, é caro aquilo que é difícil de conseguir, ou que custa muito trabalho para adquirir, e barato o que é conseguido facilmente, ou com muito pouco trabalho. O trabalho sozinho, portanto, nunca variando no próprio valor, é unicamente o final e real padrão pelo que o valor de todas as mercadorias pode, em qualquer tempo e lugar, ser estimado e comprado. É seu preço real; o dinheiro é apenas seu preço nominal.

DAS PARTES COMPONENTES DO PREÇO DAS MERCADORIAS

Naquele primitivo e rude estado da sociedade que precede tanto a acumulação de estoque quanto a apropriação da terra, a proporção entre as quantidades de trabalho necessárias à aquisição de diferentes objetos parece ser a única circunstância que pode fornecer qualquer regra para trocá-las umas pelas outras. Se numa nação de caçadores, por exemplo, custa usualmente o dobro do trabalho matar um castor do que um veado, um castor naturalmente deveria ser trocado ou valer dois veados. É natural que o que é usualmente o produto do trabalho de dois dias ou duas horas, valha o dobro do que usualmente é produto do trabalho de um dia ou uma hora.

Se uma espécie de trabalho for mais severa que a outra, alguma margem naturalmente será dada para esta dificuldade superior; e o produto de uma hora de trabalho de um modo pode ser frequentemente trocado pelo de duas horas de trabalho de outro.

Ora, se uma espécie de trabalho requer um grau incomum de destreza e engenhosidade, a estima que os homens têm por tais talentos naturalmente dará um valor ao seu produto, superior ao que seria devido ao tempo nele empregado. Tais talentos raramente podem ser adquiridos, mas só em consequência de longa aplicação, e o valor superior de seu produto frequentemente pode ser apenas uma compensação razoável pelo tempo e o trabalho que devem ser gastos ao adquiri-los. No estado avançado da sociedade, margens desta natureza, por dificuldade superior e habilidade, são comumente feitas no pagamento do trabalho, e algo da mesma espécie deve provavelmente ter tomado lugar em seu período mais primitivo e rude.

Neste estado de coisas, todo o produto do trabalho pertence ao trabalhador, e a quantidade de trabalho em geral empregada ao adquirir ou produzir qualquer mercadoria é a única circunstância que pode regular a quantidade de trabalho que comumente deveria comprar, ordenar ou trocar.

Assim que há um acúmulo de capital nas mãos de particulares, alguns deles naturalmente o empregarão com o intuito de pôr para trabalhar pessoas industriosas, a quem eles suprirão com materiais e subsistência, para ter um lucro com a venda de seu trabalho, ou pelo que seu trabalho acrescenta ao valor dos materiais. Ao trocar a manufatura toda por dinheiro, trabalho, ou por outros bens, muito acima do que pode ser suficiente para pagar o preço dos materiais e os salários dos trabalhadores, algo deve ser dado pelos lucros do empreendedor do trabalho, que arrisca seus estoques nesta aventura. O valor que os trabalhadores acrescem aos materiais, portanto, resolve-se, neste caso, em duas partes, das quais uma paga seus salários à outra, os lucros de seu empregador sobre todo o estoque de materiais e salários que adiantou. Poderia não ter interesse em empregá-los, a menos que esperasse da venda de seu trabalho algo mais do que o que foi suficiente para substituir-lhe o capital; e ele poderia não ter interesse em empregar um grande estoque em vez de um pequeno, a menos que seus lucros devessem ter alguma proporção com a extensão de seu estoque.

Os lucros do capital, talvez se pense, são apenas um nome diferente para o salário de uma espécie particular de trabalho, o trabalho de inspeção e direção. São, entretanto, bastante diferentes; são regulados por princípios bem diversos e não têm proporção com a quantidade, a dificuldade, ou a engenhosidade deste suposto trabalho de inspeção e direção. São totalmente regulados pelo valor do estoque empregado e são maiores ou menores em proporção a este estoque. Suponhamos, por exemplo, que em determinado lugar, no qual os lucros anuais comuns do capital das manufaturas são 10%, há duas manufaturas distintas, em cada qual vinte trabalhadores estão empregados, a 15 libras por ano cada um, ou, com uma despesa de trezentas por ano em cada manufatura. Suponhamos também que os materiais grosseiros anualmente fabricados numa custem apenas setecentas libras, ao passo que os materiais mais finos da outra custem trezentas libras. À taxa de 10%, portanto, o empreendedor de uma esperará um lucro anual de cerca de cem libras apenas, ao passo que o da outra esperará cerca de 730 libras. Mas, mesmo sendo seus lucros tão distintos, seu trabalho de inspeção e direção pode ser exatamente, ou quase, o mesmo. Em muitas grandes obras, quase todo o trabalho desta espécie é delegado a algum funcionário principal. Seus salários expressam precisamente o valor deste trabalho de inspeção e direção. Muito embora ao determiná-los tenha-se alguma consideração, comumente, não só a seu trabalho e habilidade, mas à confiança depositada nele, nunca apresentam qualquer proporção regular ao capital cuja aplicação supervisiona; e o proprietário deste capital, sendo assim dispensado de todo o trabalho, ainda espera que seus lucros tenham uma proporção regular para com seu capital. No preço das mercadorias, portanto, os lucros do estoque constituem uma parte componente totalmente diversa dos salários do trabalho e regulada por princípios bem diferentes.

Neste estado de coisas, todo o produto do trabalho nem sempre pertence ao trabalhador. Ele deve, na maioria dos casos, dividi-lo com o proprietário do estoque, que o emprega. Nem a quantidade de trabalho em geral empregada ao adquirir ou produzir qualquer mercadoria, a única circunstância que pode regular a quantidade que deveria comumente comprar, ordenar ou trocar. Uma quantidade adicional, é evidente, deve ser devida para os lucros do estoque que adiantou os salários e forneceu os materiais do trabalho.

Assim que a terra de qualquer país tornou-se toda propriedade privada, os senhores da terra, como todos os outros homens, gostam de colher onde nunca araram, e exigem uma renda mesmo por este produto natural. A madeira da floresta, a grama do campo e todos os frutos naturais da terra que, quando a terra era comum, custavam ao trabalhador apenas o trabalho de colhê-los, vêm, mesmo para ele, a ter um preço adicional fixado sobre eles. Ele deve então pagar pela licença de colhê-los e dar ao senhor da terra uma porção do que o seu trabalho coleta ou produz. Esta porção, ou o que dá na mesma, o preço desta porção, constitui a renda da terra, e no preço da maioria das mercadorias constitui uma terceira parte componente.

O valor real de todas as partes componentes do preço, deve-se observar, é medido pela quantidade de trabalho que podem, cada uma delas, comprar ou ordenar. O trabalho mede o valor não só da parte do preço que se resolve em trabalho, mas aquela que se resolve em renda e daquela que se resolve em lucro.

Em toda sociedade o preço de cada mercadoria finalmente se resolve em uma ou outra, ou todas aquelas três partes; e nas sociedades adiantadas, todas três entram, mais ou menos, como partes componentes, no preço da franca maioria das mercadorias.

DO PREÇO NATURAL E DO PREÇO DE MERCADO DAS MERCADORIAS

Em toda sociedade, ou freguesia, há uma cotação média ou ordinária de salários e lucro em cada emprego de trabalho e estoque. Esta cotação é naturalmente regulada, como adiante mostrarei, parcialmente pelas circunstâncias gerais da sociedade, suas riquezas ou pobreza, sua condição progressista, estacionária ou declinante, e em parte pela natureza particular de cada emprego.

Há, semelhantemente, em cada sociedade ou freguesia, uma cotação média ou ordinária de renda, que é regulada também, como mostrarei adiante, parcialmente pelas circunstâncias gerais da sociedade ou freguesia em que a terra está situada e parcialmente pela fertilidade natural ou aperfeiçoada da terra.

Estas cotações médias ou ordinárias podem ser chamadas as cotações naturais dos salários, lucros e rendas, no tempo e lugar em que usualmente prevalecem.

Quando o preço de qualquer mercadoria não é maior nem menor do que é suficiente para pagar a renda da terra, os salários do trabalho, os lucros do estoque empregados em cultivar, preparar e transportá-lo ao mercado, de acordo com suas cotações naturais, a mercadoria é então vendida pelo que pode ser chamado seu preço natural.

A mercadoria é então vendida precisamente pelo que vale, ou pelo que realmente custa à pessoa que a leva ao mercado; pois, se bem que o que é chamado na linguagem comum de preço primário de qualquer mercadoria não compreende o lucro da pessoa que deverá vendê-la de novo, mesmo que venda a um preço que não lhe permite a cota ordinária de lucro em sua freguesia, ela evidentemente estará perdendo no negócio; como, empregando seu capital, ela poderia ter feito aquele lucro. Seu lucro, além do mais, é seu rendimento, propriamente o fundo de sua subsistência. Assim como, enquanto prepara e leva os bens ao mercado, adianta a seus trabalhadores seus salários, ou sua subsistência, adianta para si mesmo, do mesmo modo, sua própria subsistência, que em geral se ajusta ao lucro que ele pode razoavelmente esperar da venda de seus bens. A menos que eles lhe devolvam este lucro, portanto, não pagam o que, muito propriamente pode-se dizer, lhe custaram.

Se bem que o preço, portanto, que lhe deixa este lucro nem sempre é o mais baixo pelo qual um comerciante pode às vezes vender seus bens, será o mais baixo pelo qual ele os venderá por um tempo considerável; pelo menos onde há perfeita liberdade, ou onde ele pode trocar suas mercadorias tanto quanto quiser.

O preço real pelo qual qualquer mercadoria é usualmente vendida chama-se preço de mercado. Pode estar acima ou abaixo, ou ser exatamente igual a seu preço natural.

O preço de mercado de toda mercadoria é regulado pela proporção entre a quantidade que é realmente trazida ao mercado e a demanda daqueles que desejam pagar o preço natural da mercadoria, ou todo o valor da renda, trabalho e lucro, que deve ser pago de modo a poder trazê-la. Tais pessoas podem ser chamadas a demanda efetiva, pois esta pode ser suficiente para efetuar o transporte da mercadoria ao mercado. É diferente da demanda absoluta. Um homem muito pobre, de certo modo, pode-se dizer ter necessidade de um coche de seis cavalos; poderia desejar ter um, mas sua demanda não é efetiva, pois esta mercadoria jamais poderia ser trazida ao mercado de modo a satisfazê-lo.

Quando a quantidade de qualquer mercadoria que é trazida ao mercado está aquém da demanda efetiva, todos os que estão dispostos a pagar todo o valor da renda, salários e lucro, que devem ser pagos para que elas sejam trazidas, não poderão ser supridos com a quantidade que desejam. Além de apenas desejá-las, alguns estarão dispostos a dar mais por elas. Uma competição imediatamente começará entre eles, e o preço de mercado subirá mais ou menos, acima do preço natural, de acordo com a magnitude da deficiência, ou com a riqueza e capricho dos competidores, que anime mais ou menos a cobiça da competição. Entre competidores de igual riqueza e luxo, a mesma deficiência dará ocasião a uma competição relativamente cobiçosa, conforme a aquisição da mercadoria seja de maior ou menor importância para eles. Daí o preço exorbitante das necessidades da vida durante o bloqueio de uma cidade, ou a fome.

Quando a quantidade trazida ao mercado excede a demanda efetiva, ela não pode ser toda vendida àqueles que estão dispostos a pagar todo o valor da renda, salários e lucro, que devem ser pagos para trazê-las. Uma parte deve ser vendida àqueles que desejam pagar menos, e o baixo preço que eles dão por ela deve reduzir o preço do todo. O preço de mercado cairá mais ou menos abaixo do preço natural, conforme a magnitude do excesso aumente mais ou menos a competição dos vendedores, ou conforme seja mais ou menos importante para eles disporem imediatamente da mercadoria. O mesmo excesso por ocasião da importação de perecíveis ocasionará uma competição muito maior do que na de mercadorias duráveis; na importação de laranjas, por exemplo, do que na de ferro.

Quando a quantidade trazida ao mercado é apenas suficiente para suprir a demanda efetiva, e não mais, o preço naturalmente vem a ser exatamente, ou tão próximo quanto se possa avaliar, do preço natural. Toda a quantidade à mão pode ser passada por este preço, e não pode ser passada por mais. A competição dos diferentes comerciantes obriga-os a aceitar este preço, mas não os obriga a aceitar menos.

A quantidade de toda mercadoria trazida ao mercado naturalmente ajusta-se à demanda efetiva. É de interesse de todos os que empregam sua terra, trabalho ou estoque, e que levam qualquer mercadoria ao mercado, que sua quantidade nunca exceda a demanda efetiva; e é do interesse das outras pessoas que ela não caia nunca aquém dessa demanda.

Se a qualquer momento exceder a demanda efetiva, algumas das partes componentes de seu preço devem ser pagas abaixo da cotação natural. Se for a renda, o interesse dos proprietários das terras imediatamente cortará delas uma parte dessa produção, e se for salário ou lucro, o interesse dos trabalhadores num caso, e de seus empregadores no outro, fará com que retirem parte de seu trabalho ou capital desta aplicação. A quantidade trazida ao mercado logo será apenas suficiente para suprir a demanda efetiva. Todas as partes distintas de seu preço subirão à sua cota natural, bem como todo o preço.

Se, pelo contrário, a quantidade trazida ao mercado num dado momento cair aquém da demanda efetiva, algumas das partes componentes de seu preço devem subir acima de sua cotação natural. Se for a renda, o interesse de todos os outros senhores das terras naturalmente os disporá a preparar mais terra para o cultivo desta mercadoria; se for salário, ou lucro, o interesse de todos os outros operários e comerciantes logo os disporá a empregar mais trabalho e capital em preparar e trazer ao mercado. A quantidade para este trazida será suficiente para suprir a demanda efetiva. Todas as partes diferentes de seu preço cairão à sua cotação natural, bem como todo o preço.

O preço natural é como se fosse o preço central, em torno do qual os preços de todas as mercadorias estão continuamente gravitando. Acidentes diversos, por vezes, podem mantê-los suspensos muito acima dele, e por vezes os forçam um tanto abaixo. Mas quaisquer que sejam os obstáculos que os impedem de se estabelecer neste centro de repouso e continuidade, estão sempre tendendo para ele.

DOS SISTEMAS DE ECONOMIA POLÍTICA

DO PRINCÍPIO DO SISTEMA COMERCIAL, OU MERCANTIL

Que a riqueza consista no dinheiro, ou no ouro e na prata, é uma noção popular que naturalmente origina-se da dupla função do dinheiro, como instrumento do comércio e como medida do valor. Em consequência de ser o instrumento do comércio, quando temos dinheiro, podemos obter mais rapidamente o que necessitamos do que por meio de qualquer outra mercadoria. O grande afazer, sempre descobrimos, é conseguir dinheiro. Quando ele é obtido, não há dificuldade em realizar qualquer compra subsequente. Em consequência de ele ser a medida do valor, o estimamos de todas as outras mercadorias pela quantidade de dinheiro pela qual serão trocadas. Dizemos de um homem rico que ele vale muito, e de um pobre, que vale muito pouco dinheiro. Um homem frugal, ou um homem ansioso por tornar-se rico, se diz que ama o dinheiro; e um homem descuidado, generoso ou pródigo, se diz que é indiferente a ele. Enriquecer é conseguir dinheiro; e a riqueza e o dinheiro, em suma, em linguagem comum, são considerados sinônimos em todos os aspectos.

Um país rico, do mesmo modo que um homem rico, é aquele onde, em princípio, o dinheiro é abundante; e acumular ouro e prata em qualquer país é supostamente a maneira mais rápida de enriquecê-lo. Por algum tempo após a descoberta da América, a primeira pergunta dos espanhóis, quando chegavam a qualquer costa desconhecida, costumava ser se podia encontrar ouro ou prata nas vizinhanças. Pela informação que recebiam, julgavam se valia a pena se estabelecerem ali, ou se a região valia a conquista. Plano Carpino, um monge, enviado como embaixador do rei de França a um dos filhos do famoso Gêngis Khan, diz que os tártaros costumavam frequentemente perguntar-lhe se havia muitos carneiros e bois no reino de França. Sua pergunta tinha o mesmo objetivo daquele dos espanhóis. Queriam saber se o país era rico o bastante para valer uma conquista. Entre os tártaros, bem como entre todas as outras nações de pastores, que geralmente são ignorantes quanto ao uso do dinheiro, o gado é o instrumento do comércio e a medida do valor. A riqueza, então, de acordo com eles, consistia em gado, como, de acordo com os espanhóis, consistia em ouro e prata. Das duas, a nação tártara, talvez, estivesse mais próxima da verdade.

O sr. Locke assinala uma distinção entre o dinheiro e outros bens móveis. Todos os outros bens móveis, diz ele, são de natureza tão volátil que a riqueza que deles consiste não pode ser muito confiável, e uma nação abundante delas num ano, sem nenhuma exportação, mas por desgaste e dispersão, poderá estar em grande falta deles no seguinte. O dinheiro, ao contrário, é um amigo constante, e se bem que possa passar de mão em mão, pode-se evitar que saia do país, e não é propenso a ser gasto e consumido. O ouro e a prata, pois, de acordo com ele, são a parte mais sólida e substancial da riqueza móvel de uma nação, e multiplicar esses metais deveria, por isso, diz ele, ser o grande objetivo de sua economia política.

Outros admitem que se uma nação pudesse ficar separada do mundo, não seria de qualquer consequência quanto, ou quão, pouco dinheiro circulasse nela. Os bens de consumo circulados por meio deste dinheiro só seriam trocados por um número maior ou menor de peças; mas a riqueza real ou pobreza do país, eles concedem, dependeria totalmente da abundância ou escassez desses bens de consumo. Mas é diferente, pensam eles, com os países que têm conexões ou nações estrangeiras, e que são obrigados a sustentar guerras externas e manter frotas e exércitos em países distantes. Isto, dizem eles, só pode ser feito mandando-se dinheiro para fora a fim de pagá-los; e uma nação não pode mandar muito dinheiro para fora, a menos que disponha de bastante. Cada nação dessas, portanto, deve procurar, em tempo de paz, acumular ouro e prata para, quando a ocasião requerer, ter o que levar às guerras externas.

Em consequência destas nações populares, as várias nações da Europa têm estudado, embora com escasso êxito, todo meio possível de acumular ouro e prata nos respectivos países. A Espanha e Portugal, proprietários das principais minas que suprem a Europa com aqueles metais, ou proibiram sua exportação sob as mais severas penalidades ou sujeitaram-na a uma taxa considerável. Uma tal proibição parece antigamente ter sido parte da política da maioria das outras nações europeias. Acha-se mesmo onde menos seria de esperar, em algumas velhas atas do parlamento escocês, que proíbem, sob pesadas penas, o transporte de ouro ou prata "para fora do reino". Política semelhante teve lugar antigamente na França e na Inglaterra.

Quando estes países se tornam mercantis, os mercadores acham esta proibição, em muitas ocasiões, extremamente inconveniente. Frequentemente, obtinham mais vantagens ao comprar com ouro e prata do que com qualquer outra mercadoria os bens estrangeiros que desejavam, para importar para si ou para levar a outro país estrangeiro. Protestaram, então, contra esta proibição tão danosa ao comércio.

Alegaram, inicialmente, que a exportação de ouro e prata para comprar bens estrangeiros nem sempre diminuía a quantidade destes metais no reino. Ao contrário, amiúde a aumentaria, pois, se o consumo de bens estrangeiros não fosse aumentado no país, estes bens poderiam ser reexportados, e sendo lá vendidos com grande lucro poderiam trazer de volta maior tesouro do que o que originalmente fora enviado para comprá-los. O sr. Mun compara esta operação de comércio exterior ao tempo da semeadura e à colheita, da agricultura. "Se apenas contemplamos", diz ele, "as ações do lavrador na semeadura, quando lançou muito bom cereal ao chão, podemos contá-lo como louco, e não como lavrador. Mas quando consideramos seus trabalhos na colheita, que é o fim de sua faina, achá-lo-emos abundante e valioso incremento de sua ação."

A importação de ouro e prata não é o principal, muito menos o único benefício que uma nação deriva de seu comércio exterior. Entre quaisquer lugares onde há comércio exterior, todos derivam dele dois benefícios. Leva embora aquele excesso da produção da terra e do trabalho para o qual não têm demanda e traz de volta algo para o que há demanda. Dá algum valor ao seu supérfluo, trocando-o por algo mais, o que pode satisfazer parte de suas necessidades e aumentar sua fruição. Por meio dele, a estreiteza do mercado doméstico não atrapalha a divisão do trabalho em nenhum ramo da arte ou manufatura, para que seja levado à mais alta perfeição. Abrindo um mercado mais extenso para qualquer parte do produto de seu trabalho que possa exceder o consumo doméstico, encoraja-os a melhorar suas forças produtivas e elevar sua produção anual ao máximo, assim aumentando a renda real e a riqueza da sociedade. Estes grandes e importantes serviços do comércio exterior estão continuamente ocupados em exercer para todos os vários países entre os quais ele se dá. Todos derivam dele grandes benefícios, se bem que o do país do comerciante seja o maior, pois geralmente está mais empenhado em suprir as necessidades, e levando as superfluidades de seu próprio país, do que de qualquer outro país. Importar o ouro e a prata que podem ser desejados em outros países que não têm minas é, sem dúvida, parte do negócio do comércio exterior. Porém, é uma parte muito insignificante dele. Um país que exercesse o comércio exterior unicamente por conta disto dificilmente teria ocasião para fretar um navio em um século.

Não foi pela importação de ouro e prata que a descoberta da América enriqueceu a Europa. Pela abundância das minas americanas, aqueles metais tornaram-se mais baratos. Uma baixela completa pode agora ser comprada por cerca de uma terça parte do cereal, ou uma terça parte do trabalho, que custaria no século XV. Com a mesma despesa anual de trabalho e mercadorias, a Europa pode comprar anualmente cerca de três vezes a quantidade de metais preciosos em chapa que poderia ter comprado antes. Mas quando uma mercadoria vem a ser vendida por um terço do que fora seu preço usual, não só aqueles que a compravam antes podem comprar três vezes a quantidade anterior, como ela também é trazida ao nível de um número muito maior de compradores, talvez mais de dez, mais de vinte vezes o número anterior. De modo que pode haver na Europa, atualmente, não só mais de três vezes, mas mais de vinte ou trinta vezes a quantidade de metal precioso que haveria nela, mesmo em seu atual estado de progresso, se a descoberta das minas americanas nunca tivesse sido feita. Até aqui a Europa, sem dúvida, ganhou uma real vantagem, se bem que pouco significante. O baixo preço do ouro e da prata torna estes metais menos adequados para servir de dinheiro do que eram antes. Para fazer as mesmas compras, precisamos nos carregar com uma maior quantidade deles, e levar um *shilling* no bolso quando quatro pence bastariam antes. É difícil dizer o que é mais insignificante, esta inconveniência ou a oposta. Nem uma nem outra teriam feito qualquer mudança essencial no estado da Europa. A descoberta da América, porém, certamente causou mudança essencial. Abrindo novo e inexaurível mercado a todas as mercadorias europeias, deu ocasião a novas divisões do trabalho e progressos na técnica, o que no estreito círculo do antigo comércio jamais poderia ter tido lugar por falta de um mercado onde se levasse a maior parte de sua produção. As forças produtivas do trabalho foram melhoradas, e seu produto aumentou em todos os países da Europa e, junto com ele, a renda real e a riqueza de seus habitantes. As mercadorias da Europa eram quase todas novas para a América, e muitas da América o eram para a Europa. Um novo conjunto de trocas, então, começou a tomar lugar, como nunca se pensara antes, e que naturalmente se teria mostrado vantajoso ao novo como o fez com o velho continente. A selvagem injustiça dos europeus tornou um acontecimento que deveria ter sido benéfico para todos ruinoso e destrutivo para vários desses países infortunados.

A descoberta de uma passagem para as Índias Orientais pelo cabo da Boa Esperança, que aconteceu mais ou menos no mesmo tempo, abriu talvez uma faixa ainda mais extensa ao comércio exterior do que a da América, apesar da maior distância. Só havia duas nações na América, de qualquer ponto de vista, apenas superiores a selvagens, e estas foram destruídas assim que descobertas. O resto, eram meros selvagens. Mas os impérios da

China, do Indostão, do Japão, bem como vários outros nas Índias Orientais, sem ter minas mais ricas de ouro ou prata, mais bem cultivados e mais adiantados em todas as técnicas e manufaturas do que o México ou Peru, mesmo que acreditássemos, o que claramente não merece crédito, nas narrativas exageradas dos escritores espanhóis, concernentes ao antigo estado desses impérios. Mas nações ricas e civilizadas sempre podem trocar um valor muito maior umas com as outras do que com selvagens e bárbaros. A Europa, porém, derivou muito menos vantagem de seu comércio com as Índias Orientais do que com a América. Os portugueses monopolizaram o comércio das Índias Orientais para si mesmos por cerca de um século, e só indiretamente e por meio deles que as outras nações da Europa podiam enviar ou receber quaisquer mercadorias daquela região. Quando os holandeses, no começo do último século, começaram a usurpá-los, investiram todo seu comércio com as Índias Orientais numa companhia exclusiva. Os ingleses, franceses, suecos e dinamarqueses, todos seguiram seu exemplo, de modo que nenhuma grande nação europeia já teve o benefício de um comércio livre com as Índias Orientais. Nenhuma outra razão pode ser designada como a causa da grande vantagem do comércio com a América, que, entre quase todas as nações da Europa e as próprias colônias, é livre a todos os seus súditos. Os privilégios exclusivos daquelas companhias das Índias Orientais, suas grandes riquezas, o grande favor e a proteção que estas conquistaram de seus governos respectivos provocaram muita inveja contra elas. Esta inveja muitas vezes representou seu comércio como totalmente pernicioso, por causa das grandes quantidades de prata que a cada ano exporta dos países onde se dá. As partes envolvidas replicaram que seu comércio, por esta contínua exportação de prata, poderia de fato tender a empobrecer a Europa em geral mas não o país do qual foi tirada; pois pela exportação de uma parte dos retornos a outros países europeus, anualmente trouxe para casa uma quantidade muito maior daquele metal do que levou para fora. Tanto a objeção como a resposta são fundadas na noção popular que até agora tenho examinado. Portanto, é desnecessário dizer qualquer coisa mais sobre ambas. Pela exportação anual de prata para as Índias Orientais, a prataria é provavelmente um tanto mais cara na Europa do que poderia ter sido; e a prata cunhada provavelmente compra uma quantidade maior de trabalho como de mercadorias. O primeiro destes dois efeitos é perda muito pequena; o último, uma pequena vantagem; ambos insignificantes demais para merecer qualquer parcela da atenção pública. O comércio para as Índias Orientais, abrindo um mercado para as mercadorias da Europa, ou o que dá quase na mesma, para o ouro e a prata que são comprados com estas mercadorias, deve necessariamente tender a aumentar a produção anual dos bens europeus e, consequentemente, a riqueza real e a renda da Europa. Que até agora as tenha aumentado tão pouco deve-se provavelmente às restrições sob as quais se opera em todo lugar.

Pensei ser necessário, se bem que com o risco de ser tedioso, examinar inteiramente a noção popular de que a riqueza consiste em dinheiro, e esta ambiguidade de expressão tornou esta noção popular tão familiar para nós que mesmo aqueles que estão convencidos deste absurdo estão muito propensos a esquecer seus próprios princípios e, no decurso de seus raciocínios, presumi-la como certa e inegável verdade. Alguns dos melhores escritores ingleses sobre o comércio começam observando que a riqueza de um país consiste não em seu ouro e sua prata apenas, mas em suas terras, casas e bens de consumo de todas as espécies. No decurso de seus arrazoados, entretanto, as terras, casas e bens de consumo parecem escapar às suas memórias, e a linha de seu argumento frequentemente supõe que toda riqueza consiste de ouro e prata, e que multiplicar estes metais é o grande objetivo da indústria e do comércio da nação.

Os dois princípios estando no entanto estabelecidos, de que a riqueza consiste em ouro e prata, e que estes metais podem ser trazidos a um país que não tem minas apenas pela balança comercial, ou exportando a um valor maior do que importa, necessariamente tornou-se o grande objetivo da economia política, diminuir tanto quanto possível a importação de bens estrangeiros para consumo doméstico, e aumentar tanto quanto possível a exportação da produção da indústria doméstica. Seus dois grandes motores para o enriquecimento do país, então, seriam as restrições sobre a importação e o encorajamento à exportação.

As restrições à importação eram de duas espécies.

Primeira, restrições à importação de tais bens estrangeiros para consumo interno que podiam ser feitos no próprio país, não importando o país de que eram importados.

Segunda, restrições sobre a importação de bens de quase todas as espécies daqueles países com os quais se supunha estar desvantajosa a balança comercial.

Essas restrições consistiam por vezes em altas taxas, ou em proibições absolutas.

A exportação era encorajada por vezes com reembolsos, ou com prêmios, ou ainda com tratados de comércio vantajosos com Estados estrangeiros e por vezes com o estabelecimento de colônias em regiões distantes.

Os reembolsos eram concedidos em duas ocasiões diferentes. Quando os manufatureiros do país estavam sujeitos a qualquer taxa ou imposto, todo ou parte deles eram retirados para sua exportação; e quando bens estrangeiros taxáveis eram importados para serem exportados novamente, toda ou parte de sua taxa era por vezes devolvida quando da exportação.

Os prêmios eram concedidos para o encorajamento, quer das manufaturas principiantes, quer de tais sortes de indústria ou outras, que se supunha merecerem particulares favores.

Por vantajosos tratados de comércio, privilégios particulares eram proporcionados em algum Estado estrangeiro para os bens e os mercadores do país, além dos que eram garantidos aos de outros países.

Pelo estabelecimento de colônias em países distantes, não só privilégios particulares, mas um monopólio, eram costumeiramente oferecidos às mercadorias e aos negociantes do país que as estabelecia.

As duas espécies de restrições sobre a importação, antes mencionadas, juntamente com estes quatro encorajamentos à exportação, constituem os seis principais meios pelos quais o sistema comercial se propõe a aumentar a quantidade de ouro e prata em qualquer país, virando a balança comercial a seu favor. Considerarei cada um deles em capítulos particulares, e, sem atentar muito para sua suposta tendência a trazer dinheiro para o país, examinarei principalmente quais poderiam ser os efeitos de cada um deles sobre o produto anual de sua indústria. Conforme tendam a aumentar ou diminuir o valor deste produto anual, devem evidentemente tender a aumentar ou diminuir a riqueza real e o rendimento do país.

DAS RESTRIÇÕES SOBRE A IMPORTAÇÃO DE PAÍSES ESTRANGEIROS DOS BENS QUE O PAÍS PODE PRODUZIR

Restringindo, por altas taxas ou por proibições absolutas, a importação de bens estrangeiros que o país pode produzir, o monopólio do mercado doméstico fica mais ou menos garantido para a indústria doméstica empregada na produção deles. Assim, a proibição de importar gado vivo ou provisões de sal de países estrangeiros assegura aos criadores da Grã-Bretanha o monopólio do mercado doméstico da carne. As altas taxas sobre a importação do cereal, que em tempos de abundância moderada equivale a uma proibição, dá uma vantagem análoga aos criadores daquela mercadoria. A proibição da importação de lãs estrangeiras é igualmente favorável aos produtores de lã. A manufatura da seda, embora utilize inteiramente materiais estrangeiros, recentemente obteve a mesma vantagem. A manufatura de linho ainda não a obteve, mas está dando grandes passos nessa direção. Muitas outras espécies de manufatura, do mesmo modo obtiveram, na Inglaterra, totalmente, ou quase, um monopólio contra seus conterrâneos. A variedade de bens que têm a importação para a Inglaterra proibida, absolutamente, ou em certos casos, excede bastante o que se pode suspeitar facilmente por aqueles que não estão bem familiarizados com as leis alfandegárias.

Não se pode duvidar que este monopólio do mercado doméstico dá grande encorajamento àquela espécie particular de indústria que dele frui, e frequentemente volta àquele emprego uma parte maior do trabalho e capital da sociedade, do que de outro modo seria possível. Mas se tende a aumentar a indústria geral da sociedade, ou dar-lhe a direção mais vantajosa, não é, talvez, muito evidente.

A indústria geral da sociedade nunca pode exceder o que o capital desta sociedade pode empregar. Como o número de trabalhadores a continuarem empregados por qualquer pessoa deve manter uma certa proporção para seu capital, o número daqueles que podem estar continuamente empregados por todos os membros de uma grande sociedade deve manter uma certa proporção para todo o capital daquela sociedade, e nunca pode exceder esta proporção. Nenhum regulamento do comércio pode aumentar a quantidade de indústria em qualquer sociedade além do que seu capital pode sustentar. Pode apenas desviar parte dele numa direção que de outro modo não tomaria; e de modo algum é certo que esta direção artificial poderia ser mais vantajosa para a sociedade do que aquela em que iria por si só.

Todo indivíduo está continuamente esforçando-se para achar o emprego mais vantajoso para o capital que possa comandar. É sua própria vantagem, de fato, e não a da sociedade, que ele tem em vista. Mas o estudo de sua própria vantagem, naturalmente, ou melhor, necessariamente, leva-o a preferir aquele emprego que é mais vantajoso para a sociedade.

Primeiro, todo indivíduo procura empregar seu capital o mais perto de casa possível e, consequentemente, ao máximo no suprimento da indústria doméstica; desde que ele possa obter os lucros ordinários, ou não muito inferiores a ele, de seu capital.

Assim, com lucros iguais, ou quase, todo negociante atacadista naturalmente prefere o comércio doméstico ao exterior para consumo, e o comércio exterior de consumo ao negócio de transportes. No comércio doméstico, seu capital nunca está tão longamente fora de sua vista como acontece com frequência no comércio exterior. Ele pode conhecer melhor o caráter e a situação das pessoas em quem confia, e se acontecer de ele ser enganado, conhece melhor as leis do país onde deve procurar retratação. No negócio de transportes, o capital do negociante é como que dividido entre dois países estrangeiros, e nenhuma parte dele deve ser necessariamente comprada em casa, ou colocada sob sua vista e comando imediato. O capital que um mercador de Amsterdam emprega ao transportar cereal de Königsberg a Lisboa, e frutas e vinho de Lisboa a Königsberg, deve ser geralmente a metade em Königsberg e a metade em Lisboa. Nenhuma parte dele precisa vir a Amsterdam. A residência natural de um tal comerciante poderia ser quer em Königsberg, quer em Lisboa, e só circunstâncias muito particulares poderiam fazê-lo preferir a residência de Amsterdam. A inquietação, porém, que ele sente ao ficar tão separado de seu capital em geral o faz trazer parte das mercadorias de Königsberg, que ele destina ao mercado de Lisboa, e das mercadorias de Lisboa que ele destina ao de Königsberg, para Amsterdam: e embora isto necessariamente o sujeita a um duplo trabalho de carregar e descarregar, bem como ao pagamento de algumas taxas e impostos, com o fito de ter parte de seu capital sempre sob sua vista e comando, ele de boa mente se submete a este encargo extraordinário; e é desta maneira que todo país que tem qualquer parte considerável do negócio dos transportes torna-se sempre o empório, ou mercado geral, para os bens dos vários países cujo comércio exercita. O negociante, para economizar uma segunda carga e descarga, procura sempre vender ao mercado doméstico tanto das mercadorias de todos aqueles países diferentes quanto pode, e assim tanto quanto puder, converter seu negócio de transporte num comércio exterior de consumo. Um mercador, do mesmo modo, engajado no comércio exterior de consumo, ao coletar mercadorias para o mercado externo, sempre gostará, com os mesmos lucros, ou quase, de vender ao máximo a maior parte deles no próprio país. Ele economiza o risco e o trabalho da exportação, quando, tanto quanto pode, assim converte seu mercado exterior de consumo num negócio doméstico. O país, desta forma, é o centro, se assim se pode dizer, em torno do qual os capitais dos habitantes de todo país circulam continuamente e rumo ao qual estão sempre tendendo, se bem que por causas particulares podem por vezes ser afastados e repelidos para aplicações mais distantes. Mas um capital aplicado no comércio doméstico, já foi mostrado, necessariamente põe em movimento maior quantidade de indústria doméstica, e dá renda e emprego a um maior número de habitantes do país do que um capital igual empregado no comércio exterior de consumo; e o empregado, neste, tem a mesma vantagem sobre um capital igual aplicado no transporte. Perante lucros iguais, ou quase, portanto, todo indivíduo naturalmente estará inclinado a aplicar seu capital do modo que poderá dar o maior apoio à indústria doméstica, criando renda e emprego para o maior número de pessoas de seu próprio país.

Segundo, todo indivíduo que aplica seu capital no suporte da indústria doméstica procura dirigi-lo de modo que o produto da indústria seja do maior valor possível.

O produto da indústria é o que ela acresce ao sujeito ou materiais nos quais é empregada. Em proporção ao valor deste produto ser grande ou pequeno, igualmente o serão os lucros do empregador. Mas é só pelo lucro que um homem investe um capital para apoiar a indústria; e assim ele sempre procurará empregá-lo no suporte daquela indústria cujo produto poderá ser do maior valor, ou que poderá ser trocado pela maior quantidade, de dinheiro ou outros bens.

Mas o rendimento anual de qualquer sociedade é sempre precisamente igual ao valor trocável de toda a produção anual de sua indústria, ou melhor, é precisamente o mesmo que acontece com aquele valor trocável. Como todo indivíduo procura, tanto quanto pode, aplicar seu capital para apoiar a indústria doméstica, e assim conduzi-la para que sua produção seja do máximo valor, todo indivíduo necessariamente trabalha para tornar o rendimento anual da sociedade o maior que puder. De fato, em geral, ele nem pretende promover o interesse público, nem sabe quanto o está promovendo. Preferindo apoiar a indústria doméstica, e não a estrangeira, ele procura apenas sua segurança; e dirigindo aquela indústria de tal maneira que sua produção seja do maior valor, procura apenas seu próprio ganho, e nisto, como em muitos outros casos, é só levado por uma mão invisível a promover um fim que não era parte de sua intenção. E tampouco é sempre pior para a sociedade que não tivesse este fim. Seguindo seu próprio interesse, ele, com frequência, promove o da sociedade mais efetivamente do que quando de fato pretende promovê-lo. Nunca soube de grande bem feito por aqueles que aparentavam comerciar para o bem público. É uma afetação, realmente, não muito comum entre comerciantes, e muito poucas palavras precisam ser empregadas para dissuadi-los disto.

Qual a espécie de indústria doméstica que seu capital pode empregar, e cujo produto poderá ser do maior valor, cada um, é evidente, em sua situação local, pode julgar muito melhor que qualquer estadista ou legislador em seu lugar. O estadista que procurasse dirigir os particulares sobre a maneira que deveriam empregar seus capitais, não só se sobrecarregaria com um cuidado desnecessário, mas assumiria uma autoridade que não poderia ser seguramente assumida por nenhuma pessoa isoladamente, mas por nenhum conselho ou senado, e que nunca seria tão perigosa quanto nas mãos de um homem que tivesse a insensatez e a presunção de se arrogar a exercê-la.

Dar o monopólio do mercado doméstico ao produto da indústria nacional, em qualquer arte ou manufatura particular, até certa medida é dirigir os particulares sobre a maneira de dirigir seus capitais, e em quase todos os casos, é uma regulamentação inútil ou danosa. Se o produto nacional pode ser oferecido tão barato quanto o da indústria estrangeira, a lei é evidentemente inútil. Se não pode, geralmente será danosa. É máxima de todo chefe de família prudente nunca procurar fazer em casa o que lhe custará mais fazer que comprar. O alfaiate não procura fazer seus próprios sapatos, mas os comprará do sapateiro. O sapateiro não procura fazer suas próprias roupas, mas emprega um alfaiate. O lavrador não tenta fazer nem um nem outro, mas emprega aqueles diferentes artífices. Todos eles acham de seu interesse empregar toda sua indústria de um modo em que tenham alguma vantagem sobre os vizinhos, e comprar com uma parte de seu produto, ou o que é o mesmo, com o preço de parte dele, o que quer que precisem.

O que é prudência na conduta de uma família em particular dificilmente seria insensatez na de um grande reino. Se um país estrangeiro pode fornecer-nos uma mercadoria mais barata do que poderíamos fazê-la, melhor comprá-la dele com uma parte do produto de nossa própria indústria empregada de uma maneira que nos dê vantagem. A indústria geral do país, estando sempre em proporção ao capital que a emprega, não será diminuída, não mais que os artífices antes mencionados; mas será deixada a descobrir como pode ser utilizada com a maior vantagem. Certamente não é empregada com a máxima vantagem quando é assim dirigida a um objeto que pode comprar mais barato que pode fazer. O valor de sua produção anual é certamente mais ou menos diminuído quando é desviado de produzir mercadorias evidentemente de mais valor que aquela a que está dirigida para produzir. De acordo com a suposição, essa mercadoria poderia ser comprada de países estrangeiros mais barata do que poderia ser feita em casa. Poderia assim ter sido adquirida apenas com uma parte das mercadorias ou, o que dá na mesma, apenas com uma parte do preço das mercadorias, que a indústria empregada com um capital igual teria produzido no país, tivesse sido deixada seguir seu curso natural. A indústria do país, assim sendo, é desviada de um emprego menos vantajoso, e o valor trocável de seu produto anual, ao invés de crescer, de acordo com a intenção do legislador, deve necessariamente ser diminuída a cada uma destas leis.

Por meio de tais regulamentações, de fato, uma manufatura em particular pode por vezes ser adquirida mais cedo do que poderia de outra maneira, e depois de algum tempo, pode ser feita no país tão ou mais barata que no país estrangeiro. Embora a indústria da sociedade possa assim ser conduzida vantajosamente a um canal particular mais cedo que de outra maneira, de modo algum segue-se que o total, quer de sua indústria, quer de seu rendimento, poderá ser aumentado por tal lei. A indústria da sociedade pode aumentar apenas em proporção ao aumento de seu capital, e seu capital pode aumentar apenas em proporção ao que pode ser gradualmente economizado de sua renda. Mas o efeito imediato de cada uma destas leis é diminuir a renda, e o que diminui sua renda não aumentará, provavelmente, seu capital mais depressa do que aumentaria por si só se capital e indústria fossem deixados a descobrir seus empregos naturais.

Se bem que por falta de tais leis a sociedade nunca adquiriria a manufatura proposta, por causa disto não seria mais pobre em qualquer período de sua existência. Em qualquer período de sua duração, todo seu capital e indústria poderia ainda ser empregado, se bem que sobre diferentes objetos, da maneira que fosse mais vantajosa no momento. Em qualquer período sua renda poderia ter sido a maior permitida por seu capital, e tanto capital como renda poderiam ter sido aumentados com a maior presteza possível.

As vantagens naturais que um país tem sobre outro, na obtenção de alguma mercadoria, por vezes são tão grandes que é reconhecido por todo o mundo ser em vão lutar contra isso. Por meio de estufas, uvas muito boas podem ser cultivadas na Escócia, e bom vinho pode ser feito com elas, a cerca de trinta vezes a despesa pelas quais podem ser cultivadas igualmente bem em países estrangeiros. Seria razoável uma lei que proibisse a importação de todos os vinhos estrangeiros meramente para encorajar o "clarete" e o "borgonha" na Escócia? Mas se há um absurdo manifesto em voltar-se para qualquer emprego trinta vezes mais capital e indústria do país do que seria necessário comprar de países estrangeiros uma quantidade igual das mercadorias desejadas, deve haver um absurdo, se bem que no todo não tão evidente, mas da mesma espécie, em voltar para qualquer destes empregos um trigésimo, ou mesmo três centésimos a mais de cada. Quer as vantagens que um país tenha sobre outro sejam naturais ou adquiridas, sob este aspecto, é inconsequente. Enquanto um país tiver estas vantagens, e outro as desejar, será sempre mais vantajoso para este comprar do outro, que produzir. É apenas uma vantagem adquirida que um artífice tem sobre seu vizinho, que exerce outro ofício; e no entanto ambos acham mais vantajoso comprar um do outro do que fazer o que não pertence a seus ofícios em particular.

Os comerciantes e manufatureiros são as pessoas que derivam a maior vantagem deste monopólio do mercado doméstico. A proibição da importação de gado estrangeiro e de provisões de sal, junto com os elevados impostos sobre o cereal estrangeiro, que em tempos de abundância moderada equivalem a uma proibição, não é tão vantajosa para os criadores e agricultores da Grã-Bretanha quanto leis da mesma espécie para seus comerciantes e manufatureiros. Os manufaturados, os da espécie mais fina, especialmente, são mais facilmente transportados de um país para outro do que trigo ou gado. É em recolher e transportar manufaturas, correspondentemente, que o comércio exterior é em especial empregado. Nas manufaturas, uma vantagem mínima permitirá aos estrangeiros vencer no preço nossos trabalhadores, mesmo no mercado interno. Será preciso uma grande vantagem para que vençam no produto bruto do solo. Se a importação livre de manufaturas estrangeiras fosse permitida, várias das manufaturas domésticas provavelmente sofreriam e algumas talvez se arruinariam totalmente, e uma parte considerável do principal e da indústria atualmente empregados nelas seria forçada a procurar outro emprego. Mas a importação totalmente livre do produto bruto do solo não poderia ter tal efeito na agricultura do país.

Parece, portanto, haver dois casos em que geralmente será vantajoso onerar a indústria estrangeira pelo encorajamento da indústria do país.

O primeiro é quando alguma espécie particular de indústria for necessária à defesa do país. A defesa da Grã-Bretanha, por exemplo, depende muito do número de seus marujos e embarcações. O Decreto de Navegação, portanto, mui adequadamente procura dar aos marujos e embarcações ingleses o monopólio do comércio de seu próprio país, em alguns casos por proibições absolutas, em outros, por grandes taxas sobre o embarque estrangeiro. As seguintes são as principais disposições deste decreto:

Primeiro, todos os navios dos quais os proprietários e três quartos dos marinheiros não forem súditos britânicos estão proibidos, sob pena de apreensão do navio e da carga, de comercializar em colônias e em estabelecimentos britânicos, como também de serem empregados no comércio costeiro da Grã-Bretanha.

Segundo, uma grande variedade dos artigos de importações mais volumosos pode ser trazida apenas à Grã-Bretanha em navios tais como descritos, ou em navios do país onde aqueles bens foram comprados, e dos quais os proprietários, mestres e três quartos dos marinheiros sejam daquele país em particular; e quando importados mesmo em navios deste último tipo, estão sujeitos ao dobro da taxa de importação. Se importados em navios de qualquer outro país, a penalidade é a apreensão do navio e das mercadorias. Quando este decreto foi feito, os holandeses eram, e ainda são, os maiores transportadores da Europa, e por esta regulamentação eram inteiramente excluídos de serem os transportadores da Grã-Bretanha, ou de importarem para nós os bens de qualquer outro país europeu.

Terceiro, uma grande variedade dos artigos de importação mais volumosos estão proibidos de serem importados, mesmo em navios britânicos, de qualquer país exceto aquele em que são produzidos, sob pena de apreensão do navio e da carga. Esta regulamentação também provavelmente se destinava contra os holandeses. A Holanda era, e é, o grande empório de todos os bens europeus, e por esta regulamentação os navios ingleses eram impedidos de carregar, na Holanda, os bens de qualquer outro país europeu.

Quarto, peixes de água salgada de qualquer espécie, barbatanas de baleia, ossos de baleia, óleo e sua gordura, não apanhados e curados a bordo de navios ingleses, quando importados para a Grã-Bretanha, são sujeitos ao dobro da taxa de importação. Os holandeses, como ainda são os principais, eram então os únicos pescadores da Europa que procuravam suprir países estrangeiros com peixe. Por esta regulamentação, um grande ônus era acrescido para suprirem a Inglaterra.

Quando o Decreto de Navegação foi feito, se bem que a Inglaterra e a Holanda não estivessem realmente em guerra, a mais violenta animosidade subsistia entre as duas nações. Começara durante o governo do Grande parlamento, que primeiro estruturou este decreto, e surgiu logo depois nas guerras holandesas, sob o Protetor e sob Carlos II. Não é impossível, portanto, que alguns dos regulamentos deste famoso decreto tenham se originado de animosidade nacional. São sábios, no entanto, como se todos tivessem sido ditados pela sabedoria mais deliberada. A animosidade nacional naquela época em particular objetivava o mesmo que esta sabedoria recomendaria, a diminuição do poderio naval da Holanda, a única potência naval que poderia ameaçar a segurança inglesa.

O Decreto de Navegação não é favorável ao comércio exterior, ou ao crescimento daquela opulência que pode originar-se dele. O interesse de uma nação em suas relações comerciais com nações estrangeiras é, como o de um mercador em relação aos diferentes povos com que trata, comprar o mais barato e vender o mais caro possível. Mas será mais provável comprar barato, quando pela mais perfeita liberdade de comércio se encorajem todas as nações a trazer os bens que puder comprar; e pela mesma razão ficará mais provável vender caro quando seus mercados estiverem assim locupletados com o maior número de compradores. O Decreto de Navegação, é verdade, não onera navios estrangeiros que vêm para exportar o produto da indústria inglesa. Mesmo a antiga taxa alfandegária, que costumava ser paga sobre todos os bens exportados como importados, por vários decretos subsequentes, foi removida da maioria dos artigos de exportação. Mas se os estrangeiros, por proibições ou taxas elevadas, são obstaculizados de vir vender, nem sempre poderão vir comprar; porque para vir sem uma carga precisarão perder o frete de seu próprio país para a Inglaterra. Diminuindo o número de vendedores, necessariamente diminuímos o de compradores, e assim poderemos não só comprar os bens estrangeiros mais caro, mas venderemos os nossos mais baratos do que se houvesse uma mais perfeita liberdade comercial. Como defesa, no entanto, é muito mais importante que a riqueza, o Decreto de Navegação é quiçá o mais sábio de todos os regulamentos comerciais da Inglaterra.

O segundo caso, em que geralmente será vantajoso impor alguma taxa sobre a estrangeira, pelo encorajamento da indústria doméstica, é quando alguma taxa é imposta no país sobre seu próprio produto. Neste caso, parece razoável que uma taxa igual seja imposta sobre o produto igual do outro país. Isto não daria o monopólio do mercado doméstico à indústria doméstica, nem voltaria para um emprego particular uma parte maior de todo o capital e trabalho do país do que o que seria naturalmente destinado. Só impediria que qualquer parte desta aplicação natural fosse desviada pela taxa para uma direção menos natural, e deixaria a competição entre a indústria estrangeira e a doméstica, após a taxa, tanto quanto possível no mesmo pé, o quanto antes. Na Grã-Bretanha, quando uma destas taxas é imposta sobre o produto da indústria nacional, é comum ao mesmo tempo, para cessar as clamorosas queixas de nossos comerciantes e manufatureiros, impor uma taxa muito maior sobre a importação de toda mercadoria estrangeira da mesma espécie.

Esta segunda limitação da liberdade de comércio, de acordo com certas pessoas, deveria, em certas ocasiões, ser estendida muito além do que tão somente às mercadorias estrangeiras que poderiam competir com as que foram taxadas no país. Quando as necessidades da vida foram taxadas em qualquer país, tornou-se conveniente, elas alegam, taxar não só as mesmas necessidades importadas de outros países, mas todas as mercadorias estrangeiras que poderiam vir a competir com qualquer coisa que seja o produto da indústria doméstica. A subsistência, dizem, torna-se necessariamente mais cara em consequência destas taxas, e o preço do trabalho precisa crescer sempre com o preço da subsistência do trabalhador. Toda mercadoria, portanto, que é o produto da indústria doméstica, se bem que em si não seja taxada, torna-se mais cara em consequência de tais taxas, porque o trabalho que a produz é taxado. Tais taxas, portanto, são de fato equivalentes, dizem, a uma taxa sobre cada mercadoria produzida no país. Para pôr a indústria doméstica no mesmo pé que a estrangeira, torna-se necessário, pensam eles, cobrar alguma taxa sobre cada mercadoria igual a esta elevação do preço das mercadorias domésticas com que pode competir.

Se as taxas sobre as necessidades da vida, assim como na Inglaterra aquelas sobre o sabão, sal, couro, velas etc., necessariamente elevam o preço do trabalho, e, em consequência, o de todas as mercadorias, considerarei mais adiante, quando tratar dos impostos. Supondo, entrementes, que têm este efeito, e sem dúvida têm, esta elevação geral dos preços de todas as mercadorias, devido àquele trabalho, é um caso que difere nos dois seguintes aspectos do daquela mercadoria cujo preço foi elevado por uma taxa particular que lhe é imediatamente imposta.

Primeiro, deve ser sempre conhecido com grande exatidão, até quanto o preço de tal mercadoria deveria elevar-se por tal imposto; mas até quanto a elevação geral do preço do trabalho pode afetar o de cada mercadoria em que o trabalho foi empregado nunca poderia ser conhecido com exatidão tolerável. Seria então impossível proporcionar, com qualquer exatidão tolerável, a taxa sobre cada bem importado ao preço de cada mercadoria do país.

Segundo, as taxas sobre as necessidades da vida têm quase o mesmo efeito sobre as circunstâncias do povo quanto um solo pobre e clima ruim. As provisões são tornadas mais caras da mesma maneira como se requeressem um trabalho e despesas extraordinários para obtê-las.

Como na escassez natural oriunda do solo e do clima, seria absurdo dirigir o povo sobre a maneira que deveria empregar seu capital e indústria, assim é na escassez artificial oriunda de tais taxas. Deixar acomodar tão bem quanto possam sua indústria à sua situação, e descobrir aqueles empregos em que, apesar de suas circunstâncias desfavoráveis, poderiam ter alguma vantagem para o mercado interno ou externo é o que em ambos os casos evidentemente seria sua melhor vantagem. Impor nova taxa, por já estarem sobrecarregados com taxas, e porque já pagam muito caro para as necessidades da vida, fazer igualmente que paguem muito caro pela maioria das outras comodidades é certamente um modo bem absurdo de fazer compensações.

Tais taxas, quando crescerem até certo ponto, são uma praga equivalente à esterilidade da terra e à inclemência do céu; e ainda assim é nos países mais ricos e industriosos que foram mais geralmente impostas. Outros países não suportariam tamanha desordem. Assim como só os corpos mais fortes podem viver saudavelmente sob um regime insalubre, só as nações em que toda espécie de indústria tem as maiores vantagens naturais e adquiridas podem subsistir e prosperar sob tais taxas. A Holanda é o país da Europa em que mais abundam, e que por circunstâncias peculiares continua a prosperar, não por causa delas, como se tem suposto mui absurdamente, mas a despeito delas.

Assim como há dois casos em que geralmente será vantajoso impor algum ônus à indústria estrangeira para o encorajamento da doméstica, há dois outros em que talvez seja questão de escolha; num, até quando é adequado continuar a livre importação de certos artigos estrangeiros, e no outro, até quando, ou de que maneira, pode ser adequado restaurar aquela importação livre após ter sido por algum tempo interrompida.

O caso em que por vezes pode ser questão de escolha até quando é adequado continuar a importação livre de certas mercadorias estrangeiras é quando alguma nação estrangeira restringe, por altos impostos ou proibições, a importação de algumas de nossas manufaturas para seu país. A vingança neste caso dita a retaliação, e que imponhamos as mesmas taxas e proibições às importações de algumas ou todas as suas manufaturas para nós. As nações, com efeito, raramente deixam de retaliar desta maneira. Os franceses destacaram-se particularmente em favorecer suas próprias manufaturas restringindo a importação de bens estrangeiros que poderiam competir com eles. Nisto consistia grande parte da política de *monsieur* Colbert, que, não obstante sua grande capacidade, parece neste caso ter sofrido imposição da sofística dos comerciantes e manufatureiros, que estão sempre pedindo um monopólio contra seus cidadãos. Atualmente, é opinião dos homens mais inteligentes da França que as operações deste tipo não foram benéficas ao país. Aquele ministro, pelas tarifas de 1667, impôs taxas elevadas sobre grande número de manufaturas estrangeiras. Ao recusar-se a moderá-las em favor dos holandeses, estes, em 1671, proibiram a importação dos vinhos, *brandies* e manufaturas da França. A guerra de 1672 parece ter sido ocasionada em parte por esta disputa comercial. A paz de Nimeguen encerrou-a em 1678, moderando algumas taxas em favor dos holandeses, que, por conseguinte, removeram sua proibição. Foi por volta daquela época que os franceses e ingleses começaram a oprimir a indústria um do outro pelas mesmas taxas e proibições, das quais os franceses, porém, parecem ter dado o primeiro exemplo. O espírito de hostilidade que subsistiu entre as duas nações desde então impediu-os de se moderarem. Em 1697, os ingleses proibiram a importação das rendas da manufatura de Flandres. O governo deste país, naquele tempo sob domínio espanhol, proibiu, em contrapartida, a importação das lãs inglesas. Em 1700, a proibição da importação das rendas para a Inglaterra foi suspensa, na condição de que a importação das lãs inglesas para Flandres fosse colocada no mesmo pé que antes.

Pode haver boa política em retaliações desta espécie, quando há uma probabilidade de que resultarão na repulsa das altas taxas ou proibições de que se reclama. A recuperação de um grande mercado estrangeiro geralmente mais que compensará a inconveniência transitória de pagar mais caro durante um curto tempo por algumas mercadorias. Para julgar se tais retaliações poderão produzir esse efeito, talvez não pertença tanto à ciência do legislador, cujas deliberações deveriam ser governadas pelos princípios gerais que são sempre os mesmos, e mais à habilidade daquele animal insidioso e astuto, vulgarmente chamado estadista, ou político, cujos conselhos são dirigidos pelas flutuações momentâneas dos negócios. Quando não há probabilidade de que tal repulsa possa ocorrer, parece um mau método de compensar o dano feito a certas classes de nosso povo, causando outro dano a nós mesmos, não só àquelas classes, mas a quase todas as classes. Quando nossos vizinhos proíbem alguma das nossas manufaturas, em geral proibimos não só a mesma, pois isto apenas dificilmente os afetaria de forma considerável, mas alguma outra manufatura deles. Isto, sem dúvida, pode encorajar alguma classe particular de trabalhadores dos nossos, e excluindo alguns de seus rivais, pode permitir-lhes elevar o preço no mercado interno. Aqueles trabalhadores, porém, que sofreram pela proibição de nosso vizinho não serão beneficiados pela nossa. Ao contrário, eles e quase todas as outras classes de nossos cidadãos por isto serão obrigados a pagar mais caro do que antes, por certas coisas. Toda lei desse tipo impõe uma taxa real sobre o país, não em favor daquela classe particular de trabalhadores que foram prejudicados pela proibição de nosso vizinho, mas de alguma outra classe.

O caso em que às vezes pode ser questão de escolha, quanto, ou de que maneira é adequado restaurar a livre importação de bens estrangeiros, após, por algum tempo, ter sido interrompida, é quando manufaturas particulares, por meio de taxas elevadas, ou proibições sobre toda mercadoria estrangeira que pode competir com elas, foram estendidas a ponto de empregar uma grande multidão de mãos. A humanidade, neste caso, pode exigir que a liberdade de comércio seja restaurada apenas por lentas gradações, e com bastante reserva e circunspecção, Se aquelas elevadas taxas e proibições fossem removidas subitamente, os artigos estrangeiros mais baratos da mesma espécie seriam despejados tão rapidamente no mercado interno que imediatamente privariam milhares de pessoas de seus empregos e meios de subsistência. A desordem que isto ocasionaria sem dúvida poderia ser considerável. Com toda a probabilidade, entretanto, seria muito inferior ao que é comumente imaginado pelas duas seguintes razões.

Primeira, todas aquelas manufaturas, das quais qualquer parte é em geral exportada a outros países europeus sem subsídio, seriam pouco afetadas pela importação mais livre de bens estrangeiros. Tais manufaturas devem ser vendidas no estrangeiro tão baratas quanto quaisquer outras estrangeiras, da mesma espécie e qualidade, e, consequentemente, devem ser vendidas mais baratas no país de origem. Ainda ficariam de posse do mercado interno, embora um caprichoso homem da moda por vezes possa preferir artigos estrangeiros, meramente por serem estrangeiros, a artigos mais baratos e melhores da mesma espécie de seu país. Essa insensatez, pela natureza das coisas, se estenderia a tão poucos que não causaria impressão sensível no emprego geral do povo. Mas uma grande parte de todos os ramos diferentes de nossa manufatura da lã, de nosso couro curtido e de nossas ferragens é anualmente exportada para outros países europeus sem nenhum subsídio, e estas são as manufaturas que empregam o maior número de mãos. A seda talvez seja a manufatura que mais sofreria por esta liberdade de comércio, e depois dela o linho, se bem que este muito menos que a outra.

Segunda, se bem que um grande número de pessoas, assim se restaurando a liberdade de comércio, logo seria imediatamente deslocado de seu emprego ordinário, e método comum de subsistência de modo algum se seguiria que ficaria totalmente privado de emprego ou subsistência. Pela redução do exército e da marinha, ao final da última grande guerra, mais de cem mil soldados e marujos, número igual ao que está empregado nas grandes manufaturas, imediatamente foram lançados fora de seu emprego ordinário; mas, apesar de terem sofrido alguma inconveniência, não ficaram privados de todo emprego e subsistência. A maioria dos marujos, é provável, gradualmente se adaptou ao serviço mercante, à medida que iam encontrando ocasião, e entrementes eles e os soldados eram absorvidos na grande massa do povo e empregados em grande variedade de ocupações. Não só nenhuma convulsão, mas nenhuma desordem sensível, originou-se em tamanha alteração da situação de cem mil homens, todos afeitos às armas, e muitos deles à rapina e ao saque. O número de vagabundos não aumentou sensivelmente em lugar algum, nem os salários foram reduzidos em nenhuma ocupação, tanto quanto soube, exceto os dos marujos mercantes. Mas se compararmos os hábitos de um soldado e o de qualquer manufatureiro, descobriremos que os do último não tendem tanto a desqualificá-lo por se empregar num novo ofício quanto os do primeiro de se empregarem em qualquer outro. O manufatureiro sempre se acostumou a procurar sua subsistência apenas a partir de seu trabalho; o soldado, a esperá-la de seu pagamento. A aplicação e a indústria foram familiares a um; a ociosidade e a dissipação, ao outro. Mas certamente é muito mais fácil mudar a direção da indústria de uma espécie de trabalho para outra do que desviar a ociosidade e a dissipação em outra. Para a grande maioria das manufaturas, aliás, já se observou, há outras manufaturas colaterais de natureza tão semelhante que um trabalhador pode facilmente transferir sua indústria de uma delas para outra. A maior parte de tais trabalhadores também é ocasionalmente empregada no trabalho do campo. O capital que os empregou numa determinada manufatura antes ainda permanecerá no campo para empregar um mesmo número de pessoas de alguma outra maneira. O capital do campo sendo o mesmo, a demanda de trabalho analogamente será a mesma, ou quase, se bem que possa ser exercida em diferentes lugares e por diferentes ocupações. Soldados e marujos, de fato, quando dispensados do serviço do rei, estão em liberdade para exercer qualquer ofício dentro de qualquer cidade ou lugar da Grã-Bretanha ou da Irlanda. Que a mesma liberdade natural de exercitar a espécie de indústria que lhes aprouver seja restaurada aos súditos de Sua Majestade, do mesmo modo que para soldados e marujos; isto é, quebrar os privilégios exclusivos das corporações e repelir o Estatuto do Aprendizado, ambos reais usurpações da liberdade natural, e acrescentando-se a estes a repulsa da Lei do Estabelecimento, para que um trabalhador pobre, quando lançado fora de seu emprego num ofício ou num local, possa procurar outra ocupação ou outro lugar sem temer um processo ou uma remoção, e nem o público nem os indivíduos sofrerão mais com a ocasional debandada de algumas classes de manufatureiros do que com a de soldados. Nossos industriais sem dúvida têm grande mérito em seu país, mas não podem ter mais do que aqueles que o defendem com seu sangue, nem merecem ser tratados com mais delicadeza.

Esperar, com efeito, que a liberdade de comércio venha a ser totalmente restaurada na Grã-Bretanha é tão absurdo quanto esperar que uma Oceana, ou Utopia, nela seja estabelecida. Não só os preconceitos do público, mas o que é muito mais inconquistável, os interesses privados de muitos indivíduos, irresistivelmente se opõem a isso. Se os oficiais do exército se opusessem com o mesmo zelo e unanimidade a qualquer redução no número de forças com que os mestres manufatureiros se opõem a qualquer lei que poderia aumentar o número de seus rivais no mercado interno; se aqueles animassem seus soldados da mesma maneira que estes inflamam seus trabalhadores para atacar com violência e ultraje os propositores de quaisquer de tais regulamentos, tentar reduzir o exército seria tão perigoso como agora tornou-se tentar diminuir em qualquer respeito o monopólio que nossos manufatureiros obtiveram contra nós. Este monopólio aumentou tanto o número de algumas de suas tribos que, como um exército hipertrofiado, tornaram-se formidáveis perante o governo, e em muitas ocasiões intimidam a legislatura. O membro do parlamento que suporta toda proposta para reforçar este monopólio pode ficar certo de adquirir não só a reputação de entender de comércio, mas também grande popularidade e influência com uma ordem de homens cujo número e riqueza os torna de grande importância. Se se opuser a eles, ao contrário, e ainda mais, se tiver autoridade bastante para impedi-los, nem a mais reconhecida probidade, nem o posto mais alto, nem os maiores serviços públicos podem protegê-lo do mais infame abuso e detração, de insultos pessoais, nem por vezes de real perigo, oriundo do insolente ultraje dos furiosos e desapontados monopolistas.

O empreiteiro de uma grande manufatura que, pelo fato de os mercados internos serem subitamente abertos à competição estrangeira, seja obrigado a abandonar seu ofício, sem dúvida sofreria consideravelmente. Aquela parte de seu capital que usualmente fora empregada na compra de materiais e em pagar seus trabalhadores poderia, sem muita dificuldade, quiçá, encontrar outra aplicação. Mas aquela parte que estava fixada nas oficinas e nos equipamentos dificilmente pode ser descartada sem perda considerável. O cuidado equitativo de seu interesse exige que mudanças desta espécie nunca sejam introduzidas de modo repentino, mas devagar, gradualmente, e após aviso bem antecipado. A legislatura, se fosse possível que suas deliberações pudessem sempre ser dirigidas, não pela clamorosa impertinência dos interesses parciais, mas por uma visão abrangente do bem geral, deveria, justo por isto, ser particularmente cuidadosa tanto em estabelecer novos monopólios deste tipo, quanto em não estender mais aqueles já determinados. Toda lei estruturada dessa maneira cria desordem na constituição do Estado, que depois será complicado solucionar sem ocasionar outra desordem.

Até que ponto pode ser adequado impor taxas sobre a importação de bens estrangeiros, não para prevenir sua importação, mas para levantar uma renda para o governo, considerarei a seguir, quando tratar dos impostos. Impostos que visem prevenir, ou mesmo diminuir a importação, são evidentemente tão destrutivos às rendas alfandegárias quanto para a liberdade de comércio.

DAS RESTRIÇÕES EXTRAORDINÁRIAS SOBRE A IMPORTAÇÃO DE BENS DE QUASE TODO TIPO DAQUELES PAÍSES COM QUE A BALANÇA É CONSIDERADA DESVANTAJOSA

Da irracionalidade daquelas restrições, mesmo pelos princípios do sistema comercial

Colocar restrições extraordinárias sobre a importação de bens de quase todo tipo daqueles países com que a balança comercial é considerada desvantajosa é o segundo expediente pelo qual o sistema comercial se propõe a aumentar a quantidade de ouro e prata. Assim, na Grã-Bretanha, o linho da Silésia pode ser importado para consumo doméstico ao se pagarem certas taxas. Mas os linhos finos e cambraias franceses têm sua importação proibida, exceto no porto de Londres, para ser armazenado para exportação. São impostas taxas mais altas sobre os vinhos franceses do que sobre os de Portugal, ou de qualquer outro país. Pelo que é chamado "imposto 1692", uma taxa de 25% da cotação ou valor foi imposta sobre todas as mercadorias francesas, ao passo que as de outras nações, em sua maioria, foram sujeitas a taxas muito mais leves, raramente excedendo 5%. Vinho, conhaque, sal e vinagre da França foram excetuados; estas mercadorias foram sujeitas a outras altas taxas, por leis ou cláusulas particulares da mesma lei. Em 1696, uma segunda taxa de 25%, a primeira não tendo sido considerada desencorajamento suficiente, foi imposta sobre todos os bens franceses, exceto conhaque, juntamente com uma nova taxa de 25 libras sobre a tonelada do vinho francês e outra de 15 libras sobre o tonel de vinagre francês. As mercadorias francesas nunca foram omitidas em nenhum daqueles subsídios gerais, ou taxas de 5%, que foram impostas sobre todos, ou a maioria dos bens enumerados no livro das cotações. Se contarmos os subsídios de um terço e dois terços como formando um subsídio completo dentre todos, houve cinco destes subsídios gerais; de modo que antes do começo da presente guerra, 75% pode ser considerada a taxa mais baixa de que são passíveis a maioria dos bens de cultivo, produção ou manufatura da França. Mas na maioria das mercadorias essas taxas são equivalentes a uma proibição. Os franceses, por sua vez, creio, trataram nossos bens e manufaturas com a mesma dureza — embora eu não esteja tão familiarizado com as dificuldades particulares que impuseram. Aquelas restrições mútuas puseram termo a quase todo comércio justo entre as duas nações, e os contrabandistas são agora os principais importadores, quer dos bens britânicos para a França, quer dos bens franceses para a Grã-Bretanha. Os princípios que estive examinando no capítulo precedente originaram-se do interesse privado e do espírito do monopólio; os que ora examinarei neste, do preconceito nacional e da animosidade. São, como seria de esperar, ainda mais irrazoáveis. E também são assim mesmo pelos princípios do sistema comercial.

Primeiro, se bem que seja certo que no caso de um livre-comércio entre a França e a Inglaterra, por exemplo, a balança seria favorável à França, de modo algum se segue que tal comércio seria desvantajoso para a Inglaterra, ou que a balança geral de todo seu comércio por isto se voltaria mais contra esta. Se os vinhos de França são melhores e mais baratos que os de Portugal, ou seus linhos, que os da Alemanha, seria mais vantajoso para a Inglaterra comprar o vinho e o linho estrangeiro de que precisasse da França do que de Portugal e da Alemanha. Se bem que o valor das importações anuais da França fosse grandemente aumentado por isto, o valor total das importações anuais seria diminuído, em proporção aos bens franceses da mesma qualidade serem mais baratos que os dos outros países. Este seria o caso, mesmo na suposição de que todos os bens franceses importados devessem ser consumidos na Grã-Bretanha.

Mas, em segundo lugar, uma grande parte deles poderia ser reexportada para outros países onde, vendidos com lucro, poderiam trazer um retorno igual em valor, quiçá ao custo original de todos os bens franceses importados. O que frequentemente foi dito do comércio das Índias Orientais poderia possivelmente ser verdade do francês; que muito embora a maior parte dos bens das Índias fosse comprada com ouro e prata, a reexportação de uma parte deles para outros países trouxe mais ouro e prata ao que executou o comércio do que o total do custo original. Um dos ramos mais importantes do comércio holandês, atualmente, consiste no transporte das mercadorias francesas para outros países europeus. Mesmo uma parte do vinho francês bebido na Grã-Bretanha é clandestinamente importada da Holanda e Zelândia. Se houvesse um comércio livre entre a França e a Inglaterra, ou se os bens franceses pudessem ser importados pelo pagamento só das mesmas taxas que outras nações europeias, a serem cobradas sobre as exportações, a Inglaterra poderia ter alguma parte de um comércio que se mostrou tão vantajoso para a Holanda.

Em terceiro e último lugar, não há critério certo pelo qual possamos determinar de que lado da assim chamada balança entre dois países está, ou qual deles exporta o maior valor. O preconceito e a animosidade nacional, incentivados sempre pelo interesse privado de comerciantes, são os princípios que geralmente dirigem nosso julgamento sobre todas as questões concernentes a isto.

Da irracionalidade daquelas restrições extraordinárias por outros princípios

Na parte anterior deste capítulo, procurei mostrar, mesmo pelos princípios do sistema comercial, quão desnecessário é impor restrições extraordinárias sobre as importações de bens daqueles países com os quais a balança de comércio é suposta desvantajosa.

Nada, no entanto, pode ser mais absurdo que toda esta doutrina de balanço comercial, na qual não só estas restrições, mas quase todas as outras leis de comércio, são fundadas. Quando dois lugares comerciam um com o outro, esta doutrina supõe que, se o balanço está igual, nenhum deles ganha ou perde, mas se se inclina em qualquer grau para um lado, um deles perde e o outro ganha, em proporção à sua descensão do equilíbrio exato. Ambas as suposições são falsas. Um comércio que é forçado por meio de subsídios e monopólios pode ser, e comumente é, desvantajoso para o país em cujo favor se estabelece, como adiante procurarei mostrar. Mas aquele comércio que, sem força ou constrangimento, é natural e regularmente exercido entre dois lugares quaisquer é sempre vantajoso, embora nem sempre igualmente, para ambos.

Por vantagem, ou ganho, entendo não só o aumento da quantidade de ouro e prata, mas o do valor trocável do produto anual da terra e trabalho do país, ou o aumento do rendimento anual de seus habitantes.

Se o balanço está equilibrado, e se o comércio entre os dois lugares consiste inteiramente na troca de suas mercadorias nativas, na maioria das ocasiões, eles ganharão igualmente, ou quase; cada um, neste caso, sustentará um mercado para o excesso de produção do outro, cada um substituirá um capital que foi empregado em elaborar e preparar para o mercado este excesso de produção do outro, e que foi distribuído e deu renda e subsistência a um certo número de seus habitantes. Parte dos habitantes de cada um, portanto, indiretamente derivará seu rendimento e subsistência do outro. Como também as mercadorias trocadas são supostas de igual valor, os capitais empregados no comércio, na maioria das ocasiões, serão iguais, ou quase; e ambos sendo empregados na elaboração das mercadorias nativas dos dois países, a renda e a manutenção que sua distribuição proporcionará aos habitantes de cada um será igual ou quase. Esta renda e esta subsistência, assim mutuamente sustentadas, serão maior ou menor em proporção à extensão de seus negócios. Se estes anualmente totalizarem cem mil libras, por exemplo, ou um milhão de cada lado, cada um dará uma renda anual, num caso, de cem mil libras, e, no outro, de um milhão, aos habitantes do outro país.

Se seu comércio for de tal natureza que um deles exportou para o outro nada senão mercadorias nativas, ao passo que o retorno do outro consistiu totalmente em bens estrangeiros, o balanço, neste caso, ainda seria tido como equilibrado, mercadoria sendo paga por mercadoria. Neste caso também ambos ganhariam, mas não igualmente; aos habitantes do país que exportou tão somente mercadorias nativas derivaria a maior renda do comércio. Se a Inglaterra, por exemplo, importasse da França nada que não fosse mercadoria nativa daquele país, e não tendo tais artigos próprios para atender sua demanda, anualmente os pagasse enviando uma grande quantidade de bens estrangeiros, tabaco, suponhamos, e artigos das Índias Orientais; este comércio, embora gerasse alguma renda aos habitantes de ambos os países, renderia mais aos da França que aos da Inglaterra. Todo o capital francês empregado nisto seria anualmente distribuído pelo povo da França. Mas aquela parte do capital inglês, que foi empregado na produção das mercadorias inglesas com que aqueles artigos estrangeiros foram comprados, seria anualmente distribuída entre o povo inglês. A sua maior parte substituiria os capitais que foram empregados na Virgínia, no Indostão e na China, e que deram renda e subsistência aos habitantes daqueles países distantes. Se os capitais fossem iguais, ou quase, este emprego do capital francês aumentaria muito mais a renda do povo francês do que o capital inglês a do povo da Inglaterra. A França, neste caso, exerceria um comércio exterior direto de consumo com a Inglaterra, ao passo que a Inglaterra, exerceria um comércio indireto com a França. Os diferentes efeitos de um capital empregado no comércio exterior direto e no indireto de consumo já foram totalmente explicados.

Provavelmente não há, entre dois países quaisquer, um comércio que consista totalmente na troca, quer de mercadorias nativas de ambos os lados, quer de mercadorias nativas de um lado e artigos estrangeiros de outro. Quase todos os países trocam uns com os outros, em parte artigos nativos, em parte, estrangeiros. Mas o país em cujos fretes houver artigos nativos na maior proporção, e estrangeiros em menor, será sempre o principal lucrador.

Se não fosse com tabaco e artigos das Índias Orientais, mas com ouro e prata que a Inglaterra pagasse as mercadorias anualmente importadas da França, o balanço, neste caso, seria suposto desequilibrado, mercadoria não sendo paga com mercadoria, mas com ouro e prata. O comércio, neste caso, como no anterior, daria alguma renda aos habitantes de ambos os países, mas mais aos da França que aos da Inglaterra. O capital empregado na produção dos artigos ingleses que compraram este ouro e prata, o capital distribuído e que deu renda a certos habitantes da Inglaterra, assim seria substituído e permitiria continuar este emprego. O capital total da Inglaterra não seria diminuído por esta exportação de ouro e prata, não menos do que pela exportação de um valor igual de outros bens quaisquer. Ao contrário, na maioria dos casos, aumentaria. Só se enviam ao estrangeiro aqueles bens pelos quais a demanda é considerada maior fora do país, e cujo retorno, espera-se, seja de maior valor que a mercadoria exportada. Se o tabaco, que na Inglaterra valesse cem mil libras, fosse enviado à França para comprar vinho que na Inglaterra vale 110 mil, esta troca aumentaria igualmente o capital da Inglaterra em dez mil libras. Como um comerciante que tem 110 mil libras de vinho em sua adega é mais rico que aquele que só tem cem mil libras de ouro em seus cofres. Pode movimentar uma maior quantidade de indústria, e dar renda, subsistência e emprego a um maior número de pessoas do que qualquer dos dois outros. Mas o capital do país é igual aos capitais de todos os seus habitantes, e a quantidade de indústria que pode ser anualmente mantida nele é igual ao que todos aqueles diversos capitais pode manter. Tanto o capital do país como a quantidade de indústria que nele podem ser anualmente mantidos, em geral, devem ser aumentados por esta troca. De fato, seria mais vantajoso para a Inglaterra que ela pudesse comprar os vinhos da França com seu ferro e tecido do que com o tabaco da Virgínia ou o ouro e a prata do Brasil e do Peru. Um comércio exterior direto de consumo é sempre mais vantajoso que um que seja indireto. Mas um comércio exterior indireto de consumo, exercido com ouro e prata, não parece ser menos vantajoso do que qualquer outro, também indireto. Nem um país que não tenha minas é mais passível de ser exaurido de ouro e prata por esta exportação anual destes metais do que um que não cultiva tabaco pela exportação anual desta planta. Como um país que tenha com que comprar tabaco nunca ficará muito tempo sem ele, assim um que precise de ouro e prata e tenha com que comprá-los.

É mau negócio, diz-se, o de um trabalhador com a cervejaria; e o comércio que uma nação manufatureira exercesse com um país vinhateiro pode ser considerado da mesma natureza. Respondo dizendo que o comércio com a cervejaria não é necessariamente mau. Em sua natureza, é tão vantajoso como qualquer outro, mas talvez um pouco mais passível de abuso. O emprego de um cervejeiro e mesmo o de um varejista de licores fermentados são divisões do trabalho tão necessárias quanto qualquer outra. Geralmente será mais vantajoso para o operário comprar do cervejeiro a quantidade de que precisar do que preparar a cerveja sozinho, e se for pobre, geralmente será mais vantajoso para ele comprar aos poucos do varejista do que uma grande quantidade do cervejeiro. Sem dúvida, ele pode comprar demais de ambos, como de quaisquer outros comerciantes da região, do açougueiro, se for um glutão, ou do tecelão, se afetar vaidade entre seus pares. É vantajoso para o corpo dos operários, não obstante, que todos estes comércios sejam livres, mesmo que se possa abusar desta liberdade em todos eles, o que poderia acontecer mais em alguns do que em todos. Se bem que os indivíduos possam por vezes arruinar suas fortunas por um consumo excessivo de licores fermentados, parece não haver risco em que uma nação o faça. Embora em todo país haja muitos que desperdiçam em tais licores mais do que possam, há sempre muito mais que desperdiça menos. Deve-se observar também, se consultarmos a experiência, que o baixo preço do vinho parece ser a causa, não da ebriedade, mas da sobriedade. Os habitantes das regiões vinhateiras são em geral os mais sóbrios da Europa; são testemunhas os espanhóis, os italianos e os habitantes das províncias meridionais da França. As pessoas são raramente culpadas de excesso além de seu hábito diário. Ninguém afeta o caráter de liberalidade e boa amizade sendo profuso em um licor que é tão barato quanto cerveja. Ao contrário, nos países onde, por calor ou frio excessivos, não se produzem uvas, e onde o vinho é então caro e raro, o alcoolismo é vício comum, como entre as nações nórdicas, e todos os que vivem entre os trópicos, os negros, por exemplo, na costa da Guiné. Quando um regimento francês vem de alguma das províncias setentrionais da França, onde o vinho é um pouco caro, para serem aquartelados nas meridionais, os soldados, já ouvi observarem muitas vezes, de início ficam debochados pela novidade do baixo preço do vinho bom; mas depois de alguns meses de residência, a maior parte deles torna-se tão sóbria quanto o resto dos habitantes. Se as taxas sobre vinhos importados e as exações sobre o malte e a cerveja fossem removidas imediatamente, do mesmo modo poderia ocorrer uma bebedeira geral e temporária, na Grã-Bretanha, entre as classes média e inferior do povo, que provavelmente logo se seguiria por uma permanente e quase universal sobriedade. Atualmente, o alcoolismo de modo algum é o vício das pessoas de bem, ou daqueles que podem facilmente pagar os licores mais caros. Um cavalheiro bêbado de cerveja raramente pode ser visto entre nós. As restrições sobre o comércio de vinho na Grã-Bretanha não parecem calculadas para obstaculizar o povo a ir à cervejaria, se assim posso dizer, como a ir aonde possam comprar o melhor ou o mais barato licor. Favorecem o comércio de vinhos de Portugal e desencorajam o da França. Os portugueses, diz-se, são de fato melhores compradores de nossas manufaturas do que os franceses, e portanto deveriam ser encorajados de preferência a estes. Como eles nos dão preferência, diz-se, deveríamos dar-lhes a nossa. As artes sutis de comerciantes vis são assim erigidas em máximas políticas para a conduta de um grande império; pois só o mercador mais vil torna uma regra empregar principalmente os próprios fregueses. Um grande comerciante compra suas mercadorias sempre onde elas são mais baratas e melhores, sem se importar com qualquer interesse mesquinho desta espécie.

Por tais máximas como essa, porém, ensinou-se às nações que seu interesse consiste em arruinar todos os seus vizinhos. Cada nação é forçada a olhar invejosamente a prosperidade de todas as nações com que comercia, e considerar o ganho delas como sua própria perda. O comércio, que naturalmente deveria ser entre nações, como é entre particulares, um laço de união e amizade, tornou-se a fonte mais fértil de discórdia a animosidade. A caprichosa ambição de reis e ministros, durante este século e o precedente, não foi mais fatal ao repouso da Europa do que a inveja impertinente de comerciantes e manufatureiros. A violência e a injustiça dos governantes da humanidade são um antigo mal para o qual, receio, a natureza dos negócios humanos dificilmente aceita remédio. Mas a maligna rapacidade, o espírito monopolista dos comerciantes e manufatureiros, que nem são nem deveriam ser os governantes da humanidade, se bem que talvez não possa ser corrigida, pode muito facilmente ser afastada de perturbar a tranquilidade de quem quer que seja, exceto a deles mesmos.

Que foi o espírito do monopólio que originalmente inventou e propagou esta doutrina não se pode duvidar, e os que primeiro a ensinaram de modo algum foram tão insensatos quanto aqueles que nela acreditaram. Em todo país, sempre é, e deve ser, do interesse da grande maioria do povo, comprar o que querem de quem vende mais barato. A proposição é tão manifesta que parece risível dar-se a algum trabalho para prová-la, nem poderia ter sido invocada se a sofística tendenciosa de comerciantes e manufatureiros não confundisse o senso comum da humanidade. Seu interesse, neste aspecto, é diretamente oposto ao do povo. Como é do interesse dos homens livres de uma corporação obstacular o resto dos habitantes, para empregar qualquer trabalhador que não sejam eles mesmos, assim é o interesse dos mercadores e manufatureiros de todo país garantirem-se o monopólio do mercado doméstico. Assim, na Grã-Bretanha, e na maioria dos outros países europeus, as taxas extraordinárias sobre quase todos os bens importados pelos comerciantes estrangeiros. Daí as altas taxas e proibições sobre todas aquelas manufaturas estrangeiras que podem vir a competir com as nossas. Daí também as restrições extraordinárias sobre a importação de quase toda espécie de bens daqueles países com que a balança comercial é suposta desvantajosa, isto é, daqueles contra quem a animosidade nacional ocorre estar mais violentamente inflamada.

A riqueza de uma nação vizinha, porém, se perigosa na guerra e na política, é certamente vantajosa no comércio. Num estado de beligerância, pode capacitar nossos inimigos a manter frotas e exércitos superiores aos nossos; mas num estado de paz e comércio igualmente deve capacitá-los a trocar conosco um maior valor, e permitir um melhor mercado, quer para o produto imediato de nossa indústria, quer para o que for comprado com aquele produto. Como um homem rico deverá ser melhor freguês para as pessoas industriosas de sua vizinhança que um pobre, assim é uma nação rica. Um homem rico, de fato, que ele mesmo seja manufatureiro, é um vizinho muito perigoso para todos os do mesmo ofício. Todo o resto da vizinhança, porém, a grande maioria, lucra pelo bom mercado que suas despesas lhes oferece. Eles lucram mesmo com a baixa paga que dá a seus trabalhadores que têm o mesmo ofício. Os manufatureiros de uma nação rica, do mesmo modo, sem dúvida podem ser rivais perigosos para os de seus vizinhos. Esta mesma competição, porém, é vantajosa para a maioria do povo, que lucra grandemente pelo bom mercado que a grande despesa de uma tal nação lhes garante de todos os outros modos. Os particulares que querem fazer fortuna nunca pensam em se retirar para as províncias remotas e pobres do país, mas recorrem à capital, ou a alguma das grandes cidades comerciais. Sabem que onde pouca riqueza circula, há pouco a ganhar, mas onde há bastante em movimento, alguma fração dela pode caber-lhes. As mesmas máximas que desta maneira dirigiam o senso comum de um, ou dez, ou vinte indivíduos, deveriam regular o julgamento de um, ou dez, ou vinte milhões, e fazer toda uma nação ver as riquezas de seus vizinhos como possível causa e ocasião para ela mesma adquirir riquezas. Certamente, é mais provável que uma nação enriqueça pelo comércio exterior se todas as suas vizinhas forem nações ricas, industriosas e comerciais. Uma grande nação cercada de todos os lados de selvagens errantes e bárbaros pobres pode, sem dúvida, adquirir riquezas pelo cultivo de suas terras, e por seu comércio interior, mas não pelo comércio exterior. Parece ter sido desta maneira que os antigos egípcios e os chineses modernos adquiriram sua grande riqueza. Os antigos egípcios, pelo que dizem, negligenciaram o comércio exterior, e os chineses, sabe-se, têm-no no mais alto desprezo, e escassamente dignam-se a conceder-lhe uma decente proteção legal. As máximas modernas do comércio exterior, objetivando o empobrecimento de todos os nossos vizinhos, enquanto são capazes de produzir seu efeito desejado, tendem a tornar este comércio insignificante e desprezível.

É em consequência destas máximas que o comércio entre a França e Inglaterra em ambos os países foi sujeito a muitos desencorajamentos e restrições. Se os dois países, porém, considerassem seu real interesse, sem ciúmes mercantis ou animosidade nacional, o comércio de França poderia ser mais vantajoso com a Grã-Bretanha do que o de qualquer outro país, e pela mesma razão o da Grã-Bretanha com a França. A França é o país mais próximo da Inglaterra. No comércio entre a costa meridional da Inglaterra e a costa norte e noroeste da França pode-se esperar um retorno, do mesmo modo que o comércio interno, de quatro, cinco ou seis vezes ao ano. O capital, portanto, empregado neste comércio em cada um dos países poderia movimentar quatro, cinco ou seis vezes a quantidade de indústria e oferecer emprego e subsistência a quatro, cinco ou seis vezes o número de pessoas que um capital igual faria na maior parte dos outros ramos do comércio exterior. Entre as regiões da França e da Grã-Bretanha mais distantes uma da outra, os retornos podem ser esperados no mínimo uma vez por ano, e mesmo este comércio seria no mínimo tão vantajoso quanto a maioria dos outros ramos de nosso comércio exterior europeu. Seria pelo menos três vezes mais vantajoso que o decantado comércio com nossas colônias norte-americanas, onde os retornos raramente ocorriam em menos de três anos e com frequência em não menos de quatro ou cinco anos. A França, além do mais, supõe-se que tenha 24 milhões de habitantes. Nossas colônias norte-americanas nunca foram supostas com mais de três milhões; e a França é um país muito mais rico que a América do Norte; porém, por causa de uma distribuição muito mais desigual das riquezas, há muito mais pobreza e miséria num país que no outro. A França, portanto, poderia sustentar um mercado pelo menos oito vezes mais extenso, e por causa da frequência superior dos retornos, vinte e quatro vezes mais vantajoso do que jamais foram nossas colônias norte-americanas. O mercado da Grã-Bretanha seria igualmente vantajoso para a França, e em proporção à riqueza, população e proximidade dos respectivos países, teria a mesma superioridade acima da que a França tem sobre suas próprias colônias. Tal é a grande diferença entre aquele comércio que a sabedoria de ambas as nações achou apropriado desencorajar justamente o que mais favoreceu.

Mas as mesmas circunstâncias que teriam tornado tão vantajoso para ambos o comércio livre e aberto entre os dois países causaram as principais obstruções àquele comércio. Sendo vizinhos, são necessariamente inimigos, e a riqueza e o poder de cada um torna-se, por isso, mais temível para o outro; e o que aumentaria a vantagem da amizade nacional serve apenas para inflamar a violência da animosidade nacional. São ambas nações ricas e industriosas; e os mercadores e manufatureiros de cada uma temem a competição da habilidade e atividade dos da outra. O ciúme mercantil é estimulado, e inflama e é inflamado pela violência da animosidade nacional; os comerciantes de ambos os países anunciam, com toda a apaixonada confiança da falsidade interesseira, a ruína certa em consequência daquele balanço comercial desfavorável que, pretendem, seria o efeito infalível de um comércio irrestrito um com o outro.

Não há país comercial na Europa cuja ruína próxima não foi frequentemente anunciada pelos supostos doutores deste sistema por causa da balança comercial desfavorável. Depois de toda a ansiedade, porém, que provocaram sobre isto, após todas as vãs tentativas de quase todas as nações mercantis para voltar aquela balança em seu próprio favor e contra seus vizinhos, não parece que qualquer nação europeia sob qualquer aspecto tenha sido empobrecida por esta causa. Cada cidade e país, ao contrário, na proporção em que abriram seus portos a todas as nações, ao invés de serem arruinados por este comércio livre, como os princípios do sistema comercial nos levariam a esperar, foram enriquecidos por ele. Se bem que há na Europa algumas cidades que sob alguns aspectos mereçam o nome de portos livres, não há país nesta condição. A Holanda, talvez, é a que mais se aproxima deste caráter do que qualquer outra, embora ainda distante dele; e a Holanda, reconhece-se, não só deriva toda sua riqueza, mas uma grande parte de sua subsistência necessária, do comércio exterior.

Há um outro balanço, de fato, que já foi explicado, muito diferente do comercial, e conforme seja favorável ou desfavorável, necessariamente ocasiona a prosperidade ou o decaimento de qualquer nação. É o balanço do produto e do consumo anual. Se o valor trocável do produto anual, já foi observado, excede o do consumo anual, o capital da sociedade deve crescer anualmente em proporção a este excesso. A sociedade, neste caso, vive de sua renda, e o que é economizado por ano de sua renda é naturalmente acrescido a seu capital e empregado de maneira a aumentar ainda mais o produto anual. Se o valor de troca do produto anual, ao contrário, está aquém do consumo anual, o capital da sociedade deve anualmente decair em proporção a esta deficiência. A despesa da sociedade, neste caso, excede sua renda e necessariamente dilapida seu capital. Este necessariamente decai, e junto com ele o valor de troca do produto anual de sua indústria.

Este balanço de produto e consumo é inteiramente diferente do chamado balanço comercial. Pode ocorrer numa nação que não tem comércio exterior, mas inteiramente separada de todo o mundo. Pode ocorrer em todo o orbe da Terra, cuja riqueza, população e aperfeiçoamento podem gradativamente aumentar ou decair.

O balanço de produto e consumo pode ser constantemente em favor de uma nação, embora o que é chamado balanço comercial lhe seja em geral contrário. Uma nação pode importar um valor maior do que exporta por até meio século, talvez; o ouro e a prata que a ela chegam durante todo este tempo podem ser imediatamente enviados para fora; sua moeda circulante pode gradualmente decair; diferentes espécies de papel-moeda sendo substituídos em seu lugar, e mesmo os débitos, também, que contrai com as principais nações com que trata, podem gradualmente crescer; e, no entanto, sua riqueza real, o valor de troca da produção anual de suas terras e trabalho, pode, durante o mesmo período, ter crescido numa proporção muito maior. O estado das nossas colônias norte-americanas e do comércio que exerceram com a Grã-Bretanha antes do começo dos atuais distúrbios pode servir de prova de que esta de modo algum é uma suposição impossível.

DOS PRÊMIOS

Os prêmios para a exportação são na Grã-Bretanha frequentemente pedidos, e por vezes concedidos ao produto de certos ramos da indústria doméstica. Por meio deles, nossos mercadores e manufatureiros, pretende-se, poderão vender suas mercadorias tão ou mais barato que seus rivais no mercado exterior. Uma maior quantidade, diz-se, será assim exportada, e a balança comercial se voltará mais em favor de nosso país. Não podemos dar a nossos operários um monopólio no mercado exterior, como fizemos no interno. Não podemos forçar os estrangeiros a comprar essas mercadorias, como fazemos com nossos patrícios. O melhor expediente, pensou-se, será pagar-lhes para comprar. É desta maneira que o sistema mercantil propõe-se a enriquecer todo o país, e pôr dinheiro em todos os nossos bolsos por meio da balança comercial.

Os prêmios, concede-se, devem ser dados àqueles ramos do comércio que não podem ser exercidos sem eles. Mas todo ramo de negócio onde o negociante pode vender seus artigos por um preço que lhe repõe, com os lucros ordinários do capital, todo o capital empregado no preparo e envio deles ao mercado, pode ser exercido sem prêmio. Todos estes ramos estão no mesmo nível com todos os outros exercidos sem prêmios, e não podem exigi-lo mais que os outros. Os negócios que exigem prêmios são só aqueles em que o mercador é obrigado a vender seus artigos por um preço que não lhe repõe o capital, mais o lucro ordinário; ou onde ele é obrigado a vendê-los por menos do que realmente lhe custa para enviá-los ao mercado. O prêmio é dado para compensar esta perda, e encorajá-lo a continuar, ou talvez a começar, um negócio cuja despesa deve ser maior que o retorno, no qual cada operação consome parte do capital empregado nele, e que é de tal natureza que, se todos os outros negócios se lhe assemelhassem, logo não haveria mais capital no país.

Os negócios, deve-se observar, que são exercidos por meio de prêmios são os únicos que podem ser levados a cabo entre duas nações por qualquer prazo considerável, de modo que uma delas sempre e regularmente perca, ou venda seus bens por menos do que realmente custa enviá-los ao mercado. Mas se o prêmio não pagasse ao mercador aquilo que de outro modo ele perderia no preço de seus artigos, seu próprio interesse logo o obrigaria a empregar seu capital de algum modo, ou achar um negócio em que o preço da mercadoria lhe reporia, com o lucro ordinário, a aplicação de capital e enviá-la ao mercado. O efeito dos prêmios, tal como o de todos os outros expedientes do sistema mercantil, só pode ser forçar o comércio de um país para um canal muito menos vantajoso do que aquele para o qual normalmente correria por si só.

DOS TRATADOS DE COMÉRCIO

Quando uma nação se compromete, por tratado, a permitir a entrada de certos bens de um país estrangeiro e proíbe de todos os outros, ou isenta as mercadorias de um país das taxas a que submete as de todos os outros, o país ou pelo menos os comerciantes e manufatureiros do país cujo comércio é assim favorecido devem necessariamente derivar grande vantagem do tratado. Esses comerciantes e manufatureiros gozam de uma espécie de monopólio no país que é tão indulgente para com eles. Esse país torna-se um mercado mais extenso e mais vantajoso para seus artigos; mais extenso porque os artigos de outras nações, sendo excluídos ou sujeitos a taxas mais pesadas, requerem maior quantidade dos deles; mais vantajoso porque os comerciantes do país favorecido, gozando de uma espécie de monopólio, dificilmente venderão seus artigos por um preço melhor de que se expostos à livre competição de todas as outras nações.

Tais tratados, porém, mesmo sendo vantajosos para os comerciantes e manufatureiros do favorecido, são necessariamente desvantajosos para os do país favorecedor. Um monopólio é assim garantido contra eles por uma nação estrangeira, e frequentemente devem comprar os bens estrangeiros de que precisem mais caros do que se a livre competição de outras nações fosse permitida. A parte de seu próprio produto com que tal nação compra bens estrangeiros deve consequentemente ser vendida mais barato, porque quando duas coisas são trocadas por outra, o baixo preço de uma é consequência necessária, ou melhor, a mesma coisa que o alto preço da outra.

O valor de troca de seu produto anual, portanto, poderá ser diminuído por qualquer tratado assim. Esta diminuição, porém, dificilmente resulta em qualquer perda positiva, mas só numa diminuição do ganho que de outra maneira poderia fazer. Se bem que venda seus artigos mais baratos do que poderia, provavelmente não os venderá por menos do que custam; nem, como no caso dos incentivos, por um preço que não substituirá o capital empregado em trazê-los ao mercado, juntamente com os lucros ordinários. O mercado não poderia continuar, se assim fosse. Mesmo o país favorecedor, portanto, ainda pode ganhar pelo comércio, embora menos do que se fosse uma livre competição.

Alguns tratados de comércio, porém, foram considerados vantajosos com princípios muito diferentes destes; e um país comercial tem por vezes concedido um monopólio deste tipo contra si mesmo para certos bens de uma nação estrangeira, porque esperava que em todo o comércio entre eles venderia, por ano, mais do que compraria e que um balanço de ouro e prata anualmente lhe seria retornado. É sobre este princípio que o tratado de comércio entre a Inglaterra e Portugal, concluído em 1703 pelo sr. Methuen, foi tão recomendado. A seguir, uma translação literal daquele tratado, que consiste apenas em três artigos.

Art. I

Sua Sagrada e Real Majestade de Portugal[2] promete, em seu nome e no de seus sucessores, admitir doravante em Portugal os tecidos de lã e o restante das manufaturas de

---

2. Na época, d. Pedro II. (N.T.)

lã britânicas como era de costume até que foram proibidas pela lei; não obstante, sob esta condição:

Art. II

Quer dizer que sua Sagrada e Real Majestade da Grã-Bretanha,[3] em seu próprio nome e no de seus sucessores, obrigam-se doravante a admitir os vizinhos portugueses na Inglaterra; de modo que em momento algum haja paz ou guerra entre os reinos da Inglaterra e da França, nada mais seja pedido por estes vinhos, a título de alfândega ou taxas, ou a qualquer outro, direta ou indiretamente, quer sejam importados pela Grã-Bretanha em pipas ou tonéis, ou outros cascos, do que o que será cobrado por quantidade igual ou medida de vinho francês, deduzindo ou abatendo uma terça parte da alfândega ou taxa. Mas se a qualquer momento esta dedução ou abatimento alfandegário, que deve ser feito como acima mencionado, de alguma maneira se tentar prejudicá-la, será justo e legal para sua Sagrada e Real Majestade de Portugal novamente proibir os tecidos de lã e o resto das manufaturas de lã britânicas.

Art. III

Os excelentíssimos senhores plenipotenciários prometem e se responsabilizam que seus senhores

---

3. Na época, a rainha Ana. (N.T.)

supramencionados ratificarão este tratado, e dentro do espaço de dois meses as ratificações serão trocadas.

Por este tratado a Coroa de Portugal se compromete a admitir as lãs inglesas no mesmo pé que antes da proibição, isto é, não elevar as taxas que foram pagas antes daquela época. Mas não se compromete a admiti-las em termos melhores que qualquer outra nação, a França ou a Holanda, por exemplo. A Coroa britânica, ao contrário, compromete-se a admitir os vinhos de Portugal pagando apenas dois terços da taxa paga pelos franceses, os vinhos que mais provavelmente competirão com os deles. Até aqui este tratado, portanto, é evidentemente vantajoso para Portugal e desvantajoso para a Grã-Bretanha.

DAS COLÔNIAS

Das vantagens que a Europa derivou da descoberta da América e da de uma passagem às Índias Orientais pelo cabo da Boa Esperança

Tais são as vantagens que as colônias da América derivaram da política da Europa.

Quais são aquelas que a Europa derivou da descoberta e colonização da América?

Estas vantagens podem ser divididas, primeiro, nas vantagens gerais que a Europa, considerada como um só grande país, derivou daqueles grandes eventos; e segundo, das vantagens particulares que cada país colonizador derivou das colônias que lhe pertencem em particular, em consequência da autoridade ou domínio que exerce sobre elas.

As vantagens gerais que a Europa, considerada como um só grande país, derivou da descoberta e colonização da América consistem, primeiro, no aumento de seus rendimentos e, segundo, no aumento de sua indústria.

O produto em excesso da América, importado para a Europa, fornece aos habitantes deste grande continente uma grande variedade de mercadorias que de outro modo não poderiam possuir; algumas para conveniência e uso, outras para prazer, e algumas para ornamento, assim contribuindo para aumentar seu desfrute.

A descoberta e colonização da América, pode-se logo conceder, contribuíram para aumentar a indústria, primeiro, de todos os países que comerciam com ela diretamente, assim como Espanha, Portugal, França e Inglaterra, e, segundo, de todos aqueles que, sem comerciar com ela diretamente, enviam, por meio de outros países, mercadorias de sua própria produção, assim como a Flandres austríaca e algumas províncias da Alemanha que, por meio dos países acima mencionados, enviam a ela considerável quantidade de linho e outros bens. Todos estes países evidentemente ganharam um mercado mais extenso para seu excesso de produção e consequentemente devem ter sido encorajados para aumentar sua quantidade.

Mas que aqueles grandes eventos analogamente pudessem ter contribuído para encorajar a indústria de países assim como Hungria e Polônia, que talvez nunca enviaram uma só mercadoria de sua própria produção para a América, não seria totalmente evidente que estes eventos o fizeram, porém não se pode duvidar. Alguma parte do produto da América é consumida na Hungria e Polônia, e lá há alguma demanda para o açúcar, chocolate e tabaco daquele novo canto do mundo. Mas aquelas mercadorias precisam ser compradas com algo que seja produto da Hungria e Polônia ou com algo que foi comprado com alguma parte daquele produto. Essas mercadorias da América são novos valores, novos equivalentes, introduzidos na Hungria e na Polônia, para aí serem trocados pelo produto em excesso daqueles países. Sendo levadas para lá, criam um novo e mais extenso mercado para aquela produção em excesso. Elevam seu valor e, assim, contribuem para encorajar seu aumento. Mesmo que nenhuma parte dele seja levada para a América, pode ser levada a outros países que a compram com uma parte de sua fração do excesso de produção da América e pode encontrar mercado por meio da circulação daquele mercado que originalmente foi posto em movimento pelo produto excedente da América.

Aqueles grandes eventos podem mesmo ter contribuído para elevar os rendimentos e aumentar a indústria dos países que não só nunca enviaram mercadorias para a América, mas nunca receberam nenhuma dela. Mesmo tais países podem ter recebido maior abundância de suas mercadorias de países cujo excedente de produção foi aumentado por meio do comércio americano. Esta maior abundância, como deve necessariamente ter aumentado seus rendimentos, por analogia, deve ter aumentado sua indústria. Um maior número de novos equivalentes de uma ou outra espécie deve ter-lhes sido apresentado para ser trocado pelo produto em excesso daquela indústria. Um mercado mais extenso deve ter sido criado para aquele produto em excesso, para elevar seu valor e assim encorajar seu aumento. A massa de mercadorias anualmente lançada no grande círculo do comércio europeu, e por suas várias revoluções por ano distribuídas entre todas as diferentes nações nele compreendidas, deve ter sido aumentada por toda a produção em excesso da América. Uma maior fração desta massa, portanto, pode recair para cada uma destas nações, elevando seus rendimentos e sua indústria.

O comércio exclusivo da terra-mãe tende a diminuir ou pelo menos manter baixos o que de outro modo deveriam elevar: os rendimentos e a indústria de todas aquelas nações, em geral, e das colônias americanas, em particular. É um peso morto sobre a ação de uma das maiores molas que põe em movimento grande parte dos negócios da humanidade. Tornando o produto da colônia mais caro em todos os outros países, reduz seu consumo, assim obstaculando a indústria das colônias e os rendimentos e indústria de todos os outros países, que fruem menos quando pagam mais pelo que fruem, e produzem menos quando recebem menos pelo que produzem. Tornando o produto de todos os outros países mais caro nas colônias, obstacula da mesma maneira a indústria de todos os outros países, e tanto os rendimentos como a indústria das colônias. É uma válvula que, para o suposto benefício de alguns países em particular, embaraça os prazeres e impede a indústria de todos os outros. Não só exclui, tanto quanto possível, todos os outros países de um mercado em particular, mas confina, tanto quanto possível, as colônias em um mercado em particular; e a diferença é muito grande entre ser excluído de um mercado em particular, quando todos os outros estão abertos, e ser confinado em um mercado em particular, quando todos os outros estão fechados. A produção em excesso das colônias, entretanto, é a fonte original de todo aquele aumento de rendimentos e indústria que a Europa deriva da descoberta e colonização da América; e o comércio exclusivo das terras-mães tende a tornar esta fonte muito menos abundante do que de outro modo seria.

As vantagens particulares que cada país colonizador deriva das colônias que lhe pertencem são de dois tipos diferentes: primeiro, aquelas vantagens comuns que todo império deriva das províncias sujeitas ao seu domínio; segundo, aquelas vantagens peculiares que se supõe resultar das províncias de natureza tão peculiar quanto as colônias europeias da América.

As vantagens comuns que todo império deriva das províncias sujeitas ao seu domínio consistem, primeiro, na força militar que fornecem para sua defesa; segundo, na renda que fornecem para apoiar seu governo civil. As colônias romanas forneceram ocasionalmente um e outro. As colônias gregas por vezes forneceram força militar, mas dificilmente qualquer renda. Raramente se reconheciam súditos do domínio da cidade-mãe. Geralmente eram seus aliados na guerra, mas mui raramente seus súditos na paz.

As colônias europeias na América ainda não forneceram qualquer força militar para a defesa da terra-mãe. Sua força militar ainda não chegou a ser suficiente para sua própria defesa; e nas várias guerras em que as terras-mães se engajaram, a defesa de suas colônias geralmente ocasionou uma considerável divisão da força militar daqueles países. Neste aspecto, portanto, todas as colônias europeias, sem exceção, foram mais uma causa de fraqueza do que de força para suas respectivas terras-mães.

As colônias da Espanha e Portugal só contribuíram com alguma renda para a defesa da terra-mãe ou para apoiar seu governo civil. As taxas que foram levantadas nas de outras nações europeias, as da Inglaterra, em particular, raramente se igualaram à despesa com elas em tempo de paz, e nunca o suficiente para custear a que ocasionaram em tempo de guerra. Tais colônias, portanto, foram fonte de despesa e não de renda para suas respectivas terras-mães.

As vantagens de tais colônias para suas respectivas terras-mães consistem totalmente naquelas vantagens peculiares que se supõem resultar das províncias de natureza tão especial quanto as colônias europeias da América; e o comércio exclusivo, reconhece-se, é a única fonte de todas aquelas vantagens especiais.

Entrementes, um dos principais efeitos daquelas descobertas foi elevar o sistema mercantil a um grau de esplendor e glória que nunca de outra maneira poderia atingir. É o objetivo desse sistema enriquecer uma grande nação mais pelo comércio e manufatura do que pela melhoria e cultivo da terra, mais pela indústria das cidades que pela do campo. Mas, em consequência daquelas descobertas, as cidades comerciais da Europa, em vez de serem as manufatureiras e transportadoras para só uma pequena parte do mundo (aquela parte da Europa que é banhada pelo Oceano Atlântico, e os países à volta do Báltico e Mediterrâneo), agora tornaram-se os manufatureiros para os numerosos e prósperos cultivadores da América, e os transportadores e, em alguns aspectos, os manufatureiros também para quase todas as diferentes nações da Ásia, África e América. Dois novos mundos foram abertos à sua indústria, cada um deles muito maior e mais extenso que o velho, o mercado de um deles crescendo mais e mais a cada dia.

Os países que possuem as colônias da América e que comerciam diretamente com as Índias Orientais gozam, de fato, de toda ostentação e esplendor deste grande comércio.

CONCLUSÃO DO SISTEMA MERCANTIL

Apesar de o encorajamento da exportação e o desencorajamento da importação serem dois grandes motores pelos quais o sistema mercantil se propõe a enriquecer todo país, tendo em mente algumas mercadorias em particular, parece seguir um plano oposto: desencorajar a exportação e encorajar a importação. Mas seu objetivo último pretende ser sempre o mesmo: enriquecer o país por uma balança comercial vantajosa. Desencoraja a exportação dos materiais e manufatura, e dos instrumentos de comércio, para dar a nossos trabalhadores uma vantagem e permitir-lhes vender por preço inferior a outras nações em todos os mercados estrangeiros; e, assim, restringindo a exportação de umas poucas mercadorias de preço não muito alto, propõe ocasionar uma exportação muito maior e mais valiosa. Encoraja a importação dos materiais de manufatura, para que nosso próprio povo possa trabalhá-los mais barato, assim prevenindo uma importação maior e mais valiosa das mercadorias manufaturadas. Não observo, ao menos em nosso Livro dos Estatutos, qualquer encorajamento dado à importação dos instrumentos de comércio. Quando as manufaturas avançaram até certa grandeza, a fabricação dos instrumentos de comércio tornou-se em si o objeto de grande número de manufatureiros importantes. Dar qualquer encorajamento particular à importação de tais instrumentos interferiria demasiado no interesse dessas manufaturas. Tal importação, portanto, em vez de ser encorajada, frequentemente foi proibida.

O consumo é o único fim e propósito de toda produção; e o interesse do produtor deveria ser atendido apenas até onde possa ser necessário promover o do consumidor. A máxima é tão perfeitamente evidente que seria absurdo tentar prová-la. Mas no sistema mercantil, o interesse do consumidor é quase constantemente sacrificado ao do produtor, e parece considerar a produção, e não o consumo, como o fim último e objetivo de toda indústria e comércio.

Nas restrições sobre a importação de todas as mercadorias estrangeiras que podem entrar em competição com as de nosso próprio cultivo ou manufatura, o interesse do consumidor doméstico é evidentemente sacrificado ao do produtor. É totalmente para o benefício do último que o primeiro é obrigado a pagar aquela elevação de preço que este monopólio quase sempre ocasiona.

É totalmente para o benefício do produtor que incentivos são concedidos à exportação de alguns de seus produtos. O consumidor doméstico é obrigado a pagar, primeiro, a taxa necessária para pegar o subsídio e, segundo, a taxa ainda maior que necessariamente origina-se da elevação do preço da mercadoria no mercado doméstico.

Pelo famoso tratado de comércio com Portugal, o consumidor é impedido, por elevadas taxas, de comprar de um país vizinho uma mercadoria que nosso clima não produz, mas é obrigado a comprá-la de um país distante, apesar de se reconhecer que a mercadoria do país distante é de qualidade pior que a do próximo. O consumidor doméstico é obrigado a submeter-se a esta inconveniência para que o produtor possa vender para o país distante alguns de seus produtos em termos mais vantajosos do que poderia de outro modo. O consumidor também é obrigado a pagar qualquer elevação no preço daqueles produtos que esta exportação forçada possa ocasionar no mercado interno.

Mas no sistema de leis que foi estabelecido para a administração de nossas colônias americanas e das Índias Ocidentais, o interesse do consumidor doméstico foi sacrificado pelo do produtor, com uma profusão mais extravagante do que em todos os outros regulamentos comerciais nossos. Um grande império foi estabelecido com o único propósito de criar uma nação de consumidores que sejam obrigados a comprar das lojas de nossos vários produtores todos os bens que estes possam lhes oferecer. Pelo bem daquela pequena elevação de preço que este monopólio poderia proporcionar aos nossos produtores, os consumidores domésticos foram sobrecarregados com o ônus de toda a despesa de manter e defender aquele império. Para este propósito tão somente, nas duas últimas guerras, mais de duzentos milhões foram gastos, e um novo débito de mais de 170 milhões foi contraído, bem acima de tudo o que foi gasto para o mesmo fim em guerras anteriores. O interesse deste débito apenas não só é maior que todo o lucro extraordinário que jamais se pode pretender com o monopólio do comércio colonial, mas do que todo o valor daquele comércio, ou do que todo o valor dos bens que em média foram anualmente exportados para as colônias.

Não é muito difícil determinar quais foram os arquitetos de todo este sistema mercantil: não os consumidores, podemos crer, cujo interesse foi inteiramente negligenciado, mas os produtores, cujo interesse foi tão cuidadosamente atendido; e dentre esta última classe nossos comerciantes e manufatureiros foram de longe os principais arquitetos. Nos regulamentos mercantis que foram assinalados neste capítulo, o interesse de nossos manufatureiros foi mui especialmente atendido; e o interesse, não tanto dos consumidores, mas de alguns outros conjuntos de produtores, foi sacrificado a ele.

DOS SISTEMAS AGRÍCOLAS, OU DAQUELES SISTEMAS DE ECONOMIA POLÍTICA QUE REPRESENTAM O PRODUTO DA TERRA COMO A ÚNICA OU PRINCIPAL FONTE DE RENDA E RIQUEZA DE TODO PAÍS

Os sistemas agrícolas de economia política não exigirão uma explanação tão longa quanto a que pensei necessária sobre o sistema mercantil ou comercial.

Aquele sistema que representa o produto da terra como a única fonte de renda e riqueza de todo país, tanto quanto sei, nunca foi adotado por qualquer nação e atualmente só existe na especulação de uns poucos homens de grande instrução e engenho, na França. Certamente não valeria a pena examinar de forma detida os erros de um sistema que nunca causou, e provavelmente nunca causará, nenhum mal em nenhuma parte do mundo. Procurarei explicar, entretanto, tão distintamente quanto puder, as grandes linhas deste mui engenhoso sistema.

O sr. Colbert, famoso ministro de Luís XIV, foi um homem probo, de grande indústria e conhecimento do pormenor, de grande experiência e acuidade no exame das contas públicas, e de capacidades, em suma, de todas as maneiras adequadas para introduzir método e boa ordem na coleta e despesa da renda pública. Aquele ministro desgraçadamente abraçara todos os preconceitos do sistema mercantil, em sua natureza e essência um sistema de restrição e regulação, e tal que dificilmente poderia ser agradável a um laborioso e tenaz homem de negócios, acostumado a regular os diferentes departamentos dos escritórios públicos e estabelecer as necessárias verificações e controles para confinar cada um à sua própria esfera. À indústria e ao comércio de um grande país esforçou-se por regular-se segundo o mesmo modelo que os departamentos de uma repartição pública e, em vez de permitir que cada homem seguisse seu próprio interesse à sua própria maneira, conforme o plano liberal de igualdade, liberdade e justiça, dedicou a certos ramos da indústria privilégios extraordinários, ao passo que colocou outros sob restrições extraordinárias. Ele não estava disposto, como outros ministros europeus, a encorajar mais a indústria das cidades do que a do campo; mas, para apoiar a indústria das cidades, estava disposto mesmo a oprimir e tolher a do campo. Para tornar as provisões baratas para os habitantes das cidades, e assim encorajar as manufaturas e o comércio exterior, proibiu totalmente a exportação de trigo e assim excluiu os habitantes do campo de todo mercado exterior, de longe a parte mais importante do produto de seu trabalho. Esta proibição, unida às restrições impostas pelas antigas leis provinciais da França sobre o transporte de trigo de uma província para outra, e às taxas arbitrárias e degradantes levantadas junto aos agricultores em quase todas as províncias, desencorajou e abateu a agricultura daquele país muito abaixo do estado a que naturalmente ascenderia num solo tão fértil e clima tão feliz. Este estado de desencorajamento e depressão foi sentido mais ou menos em todas as partes do país, e muitas investigações foram encetadas concernentes às suas causas. Uma destas causas pareceu ser a preferência dada, pelas instituições do sr. Colbert, à indústria das cidades acima da do campo.

Se a haste está muito vergada para um lado, diz o provérbio, para endireitar, é preciso vergá-la outro tanto do outro. Os filósofos franceses, que propuseram o sistema que representa a agricultura como a única fonte de renda e riqueza de todo país, parecem ter adotado esta máxima proverbial; e como no plano do sr. Colbert a indústria das cidades foi certamente sobrestimada em comparação com a do campo, no sistema deles parece igualmente subestimada.

Este sistema, entretanto, com todas as suas imperfeições, é talvez a melhor aproximação da verdade que já foi publicada sobre o tema da economia política, e é por isto bem digno da consideração de todos que quiserem examinar com atenção os princípios dessa importantíssima ciência. Apesar de representar o trabalho empregado na terra como o único produtivo, as noções que inculca são talvez muito estreitas e confinadas; ainda assim, ao representar a riqueza das nações como consistindo não nas riquezas inconsumíveis do dinheiro, mas nos bens consumíveis anualmente reproduzidos pelo trabalho da sociedade, e representando a perfeita liberdade como o único expediente efetivo para tornar esta produção anual a maior possível, sua doutrina parece ser, sob todos os aspectos, tão justa quão generosa e liberal. Seus seguidores são muito numerosos, e como os homens gostam de paradoxos e de parecer entender o que ultrapassa a compreensão das pessoas ordinárias, o paradoxo que mantém, concernente à natureza improdutiva da manufatura, não contribui muito para aumentar o número de seus admiradores. Já há alguns anos formaram uma seita consideravelmente numerosa, distinguida na república das letras francesas pelo nome de *Os Economistas*. Seus trabalhos certamente foram de algum serviço para seu país; não só trazendo à discussão geral muitos assuntos que nunca foram bem examinados, mas também influenciando em certa medida a administração pública em favor da agricultura. Foi em consequência de suas representações, correspondentemente, que a agricultura da França foi libertada de várias das opressões sob as quais trabalhava antes. O prazo de validade de um arrendamento, contra qualquer comprador ou proprietário futuro das terras, foi prolongado de nove para 27 anos. As antigas restrições provinciais sobre o transporte de trigo de uma província do reino para outra foram inteiramente removidas, e a liberdade de exportá-lo para todos os países estrangeiros foi estabelecida como a lei comum do reino em todos os casos ordinários. Esta seita, em suas obras, que são muito onerosas e que tratam não só do que é propriamente chamado Economia Política, ou da natureza e causas da riqueza das nações, mas de todo outro ramo do sistema de governo civil, todas seguem, implicitamente e sem qualquer variação sensível, a doutrina do sr. Quesnai. E por causa disto, há pouca variação na maioria de seus trabalhos. O relato mais notável e conexo desta doutrina é encontrado num opúsculo escrito pelo sr. Mercier de la Rivière, por algum tempo intendente de Martinica, intitulado *A ordem natural e essencial das sociedades políticas*. A admiração de toda esta seita por seu mestre, ele mesmo homem que foi de grande modéstia e simplicidade, não é inferior à de qualquer dos antigos filósofos pelos fundadores de seus respectivos sistemas. "Desde o começo do mundo", diz um diligente e respeitável autor, o marquês de Mirabeau, "houve três invenções que principalmente deram estabilidade às sociedades políticas, independentemente de muitas outras que as enriqueceram e adornaram. A primeira é a invenção da escrita, que sozinha dá à natureza humana o poder de transmitir, sem alteração, suas leis, seus contratos, seus anais e suas descobertas. A segunda é a invenção do dinheiro, que consolida todas as relações entre as sociedades civilizadas. A terceira é a Tabela Econômica, resultado das outras duas, que as completa, aperfeiçoando seu objetivo; a grande descoberta de nossa era, mas da qual nossa posteridade colherá o benefício."

Esses sistemas, portanto, que, preferindo a agricultura a todos os outros empregos, para promovê-la, impõem restrições sobre as manufaturas e mercado exterior, agem contrariamente ao próprio objetivo a que se propõem e, indiretamente, desencorajam aquela mesma espécie de indústria que querem promover. Estão, até aqui, mais inconsistentes que o sistema mercantil. Aquele sistema, encorajando manufaturas e mercado exterior mais do que a agricultura, volta uma certa porção do capital da sociedade para sustentar uma indústria mais vantajosa por uma menos vantajosa. Mas ainda, e ao fim, encoraja aquela espécie de indústria que pretende promover. Os sistemas agrícolas, ao contrário, realmente, e afinal, desencorajam sua espécie favorita de indústria.

É assim que todo sistema que se esforça, quer por um encorajamento extraordinário, atrai para uma espécie particular de indústria uma fração maior do capital da sociedade do que naturalmente iria para ela, ou, por restrições extraordinárias, força, de uma espécie particular de indústria, uma parte do capital que de outro modo seria empregada nela, é, em verdade, subversivo do grande propósito que pretende promover. Retarda, ao invés de acelerar, o progresso da sociedade para a real riqueza e grandeza; e diminui, ao invés de aumentar, o valor real do produto anual de sua terra e trabalho.

Todos os sistemas, quer de preferência, quer de restrição, portanto, sendo completamente removidos, o sistema óbvio e simples da liberdade natural se estabelece por si só. Todo homem, enquanto não viola as leis da justiça, é deixado perfeitamente livre para seguir seu próprio interesse à sua maneira e trazer sua indústria e seu capital em competição com os de qualquer outro homem, ou classe de homens. O soberano é totalmente aliviado de uma tarefa, na tentativa de executá-la, ele sempre se expõe a inumeráveis ilusões, e para o adequado desempenho dela nenhuma sabedoria ou conhecimento humano jamais poderia ser suficiente;

a tarefa de superintender a indústria dos particulares, e dirigi-la para empregos mais adequados ao interesse da sociedade. De acordo com o sistema de liberdade natural, o soberano só tem três tarefas a atender; três tarefas de grande importância, de fato, mas simples e inteligíveis ao entendimento comum: primeiro, a tarefa de proteger a sociedade da violência e invasão de outras sociedades independentes; segundo, a tarefa de proteger, tanto quanto possível, todo membro da sociedade da injustiça ou opressão de qualquer outro de seus membros, ou a tarefa de estabelecer uma exata administração da justiça; e terceiro, a tarefa de erigir e manter certas obras públicas e instituições públicas que nunca seriam do interesse de nenhum indivíduo, ou pequeno número de indivíduos, erigir e manter, porque o lucro nunca pagaria a despesa a qualquer indivíduo ou pequeno número de indivíduos, se bem que frequentemente façam mais do que compensar para uma grande sociedade.

O desempenho adequado destas várias tarefas do soberano necessariamente supõe certa despesa; e esta despesa de novo necessariamente requer certa renda para apoiá-la. A seguir, assim sendo, procurarei explicar, primeiro, quais são as despesas necessárias do soberano ou da comunidade; e quais destas despesas deveriam ser pagas pela contribuição geral de toda a sociedade; e quais delas deveriam ser custeadas por alguma parte dela, ou de alguns de seus membros, apenas; segundo, quais são os diferentes métodos pelos quais toda a sociedade pode contribuir para custear as despesas que recaem sobre toda a sociedade, e quais são as principais vantagens e inconveniências de cada um destes métodos; e terceiro, quais as razões e causas que induziram quase todos os governos modernos a hipotecar alguma parte desta renda, ou contrair débitos, e quais foram os efeitos destes débitos sobre a riqueza real, o produto anual da terra e o trabalho da sociedade.

DA RENDA DO SOBERANO OU COMUNIDADE

DA DESPESA DA DEFESA

Das despesas do soberano ou comunidade

O primeiro dever do soberano, o de defender a sociedade da violência e invasão de outras sociedades independentes, pode ser exercido apenas por meio de uma força militar. Mas a despesa tanto de preparar esta força militar em tempo de paz e de empregá-la em tempo de guerra é muito diferente nos diferentes estados da sociedade, e nos diferentes períodos de aperfeiçoamento.

O número daqueles que podem ir à guerra, em proporção ao número total da população, é necessariamente muito menor num estado civilizado do que num estado rudimentar da sociedade. Numa sociedade civilizada, como os soldados são inteiramente mantidos pelo trabalho dos que não são soldados, o número dos primeiros nunca pode exceder o que os segundos podem manter além do que é adequado a eles e aos funcionários do governo e da lei, a quem são obrigados a manter. Nos pequenos estados agrários da antiga Grécia, uma quarta ou quinta parte do povo se considerava como soldados e, por vezes, diz-se, tomava um campo. Entre as nações civilizadas da Europa moderna, é comumente calculado que não mais que uma centésima parte de qualquer país pode ser empregada como soldados sem arruinar o país que paga as despesas de seus serviços.

O primeiro dever de um soberano, portanto, o de defender a sociedade da violência e injustiça de outras sociedades independentes, fica gradualmente mais dispendioso com o avanço da sociedade em civilização. A força militar da sociedade, que originalmente custa ao soberano nenhuma despesa em tempo de paz ou em tempo de guerra, deve, com o progresso, primeiro ser mantida por ele em tempo de guerra e, depois, mesmo em tempo de paz.

Da despesa da justiça

O segundo dever do soberano, o de proteger, tanto quanto possível, todo membro da sociedade da injustiça ou opressão de qualquer outro de seus membros, ou o dever de estabelecer uma exata administração da justiça, requer também graus bem diferentes de despesa nos diversos períodos da sociedade.

Entre nações de caçadores, como mal há qualquer propriedade, ou pelo menos nenhuma que exceda o valor de dois ou três dias de trabalho, raramente há qualquer magistrado estabelecido ou qualquer administração regular da justiça. Homens que não têm propriedade só podem causar dano uns aos outros apenas em suas pessoas ou reputações. Mas quando um homem mata, fere, bate ou difama outro, se bem que aquele a quem é feito o mal sofra, aquele que o faz não recebe nenhum benefício. É diferente com danos à propriedade. O benefício da pessoa que faz o mal é usualmente igual à perda daquele que o sofre. A inveja, a malícia, ou o ressentimento são as únicas paixões que podem predispor um homem a danificar outro em sua pessoa ou reputação. Mas a maioria dos homens não está frequentemente sob a influência daquelas paixões, e os piores dos homens, só ocasionalmente. Como sua gratificação também, por mais agradável que possa ser para certos caracteres, não é esperada como qualquer real ou permanente vantagem, a maior parte dos homens se restringe por considerações da prudência. Os homens podem viver juntos em sociedade com algum grau tolerável de segurança, apesar de não haver magistrado civil para protegê-los da injustiça daquelas paixões. Mas a avareza e a ambição no rico, e no pobre a aversão ao trabalho e o amor à folga e fruição do presente, são paixões que dispõem a invadir a propriedade, paixões muito mais constantes em sua operação, e muito mais universais em sua influência. Sempre que há grande propriedade, há grande desigualdade. Para um homem muito rico, é preciso que haja pelo menos quinhentos pobres, e a abundância de poucos pressupõe a indigência de muitos. A abundância dos ricos excita a indignação dos pobres, que frequentemente são impelidos pela necessidade, e predispostos pela inveja, a invadir suas posses. Só sob a proteção do magistrado civil que o proprietário daquela propriedade valiosa, adquirida pelo lavor de muitos anos, ou talvez de muitas gerações sucessivas, pode dormir uma só noite em segurança. A todo tempo está cercado por inimigos desconhecidos, a quem, mesmo sem nunca ter provocado, nunca pode apaziguar, e de cuja injustiça só pode ser protegido pelo poderoso braço do magistrado civil continuamente levantado para castigar. A aquisição de propriedades valiosas e extensas, portanto, necessariamente requer o estabelecimento do governo civil. Onde não há propriedade, ou pelo menos nenhuma que exceda o valor de dois ou três dias de trabalho, o governo civil não é tão necessário.

Da despesa das obras públicas e instituições públicas

O terceiro e último dever do soberano ou da nação é o de erigir e sustentar aquelas instituições públicas e obras públicas que, mesmo que sejam no mais alto grau vantajosas para uma grande sociedade, são porém de tal natureza que o lucro nunca poderia pagar a despesa a qualquer indivíduo, ou pequeno grupo de indivíduos, e assim não se pode esperar que qualquer indivíduo, ou pequeno grupo de indivíduos, a erija ou mantenha. O desempenho desta tarefa requer também graus muito diferentes de despesa nos diferentes períodos da sociedade.

Depois das instituições públicas e obras públicas necessárias para a defesa da sociedade, e para a administração da justiça, ambas já mencionadas, as outras obras e instituições desta espécie são principalmente aquelas para facilitar o comércio da sociedade, e aquelas para promover a instrução do povo. As instituições para instrução são de duas espécies: aquelas para a educação da juventude e aquelas para a instrução de pessoas de todas as idades. A consideração da maneira pela qual a despesa destas diferentes espécies de obras e instituições públicas pode ser mais propriamente custeada dividirá esta terceira parte do capítulo em três diferentes artigos.

Artigo I
Das obras e instituições públicas para facilitar o comércio da sociedade.

E primeiro, daquelas que são necessárias para facilitar o comércio em geral.

Que a ereção e a manutenção das obras públicas que facilitam o comércio de qualquer país, assim como boas estradas, pontes, canais navegáveis, portos etc., devam requerer vários graus de despesa nos diversos períodos da sociedade, é evidente sem qualquer prova. A despesa de fazer e manter as estradas públicas de qualquer país evidentemente deve aumentar com o produto anual da terra e do trabalho daquele país, ou com a quantidade e o peso dos artigos que se torna necessário obter e carregar sobre essas estradas. A resistência de uma ponte deve adequar-se ao número e ao peso dos carros que provavelmente passarão sobre ela. A profundidade e o caudal de água para um canal navegável devem ser proporcionais ao número e tonelagem das barcaças que deverão carregar mercadorias sobre ele; a extensão de uma enseada, ao número de naus que deverão lá se abrigar.

Não parece necessário que a despesa dessas obras públicas seja custeada por aquela renda pública, como é comumente chamada, cuja coleta e aplicação, na maioria dos países, são designadas ao poder executivo. A maior parte de tais obras públicas pode ser facilmente administrada de modo a permitir uma renda particular suficiente para custear sua própria despesa, sem acarretar qualquer ônus sobre a renda geral da sociedade.

Uma estrada, uma ponte, um canal navegável, por exemplo, na maioria dos casos, podem ser feitos e mantidos por um pequeno pedágio sobre os carros que os utilizam; uma enseada, por uma moderada taxa portuária sobre a tonelagem dos navios que podem carregar ou descarregar nela. A cunhagem, uma outra instituição para facilitar o comércio, em muitos países, não só custeia sua própria despesa, mas permite uma pequena renda ou *signoraggio* ao soberano. Os correios, outra instituição para o mesmo propósito, muito além de custear sua própria despesa, permite em quase todos os países uma renda bastante considerável para o soberano.

Quando os carros que passam sobre uma estrada ou uma ponte e as barcaças que passam por um canal navegável pagam pedágio em proporção a seu peso ou tonelagem, pagam pela manutenção daquelas obras públicas exatamente na proporção do desgaste que nelas ocasionam. Parece dificilmente possível inventar uma maneira mais equitativa de manter tais obras. Esta taxa ou pedágio também, apesar de ser adiantada pelo transportador, é finalmente paga pelo consumidor, que sempre deve arcar com o preço das mercadorias. Como a despesa de transporte, porém, é muito reduzida por meio de tais obras públicas, os artigos, apesar do pedágio, chegam mais barato ao consumidor do que ocorreria de outra maneira; seu preço não sendo tão elevado pelo pedágio quanto é diminuído pelo transporte. A pessoa que finalmente paga esta taxa, portanto, ganha pela aplicação mais do que perde pelo seu pagamento. Seu pagamento é exatamente na proporção de seu ganho. Na realidade, não é mais que parte daquele ganho de que é obrigado a abrir mão para conseguir o resto. Parece impossível imaginar um método mais equitativo de levantar uma taxa.

Quando o pedágio sobre carruagens de luxo, coches etc. é um pouco elevado em proporção a seu peso do que sobre carros de uso necessário, assim como carroças, carros cobertos etc., a indolência e a vaidade do rico são forçadas a contribuir de maneira muito fácil para o alívio do pobre, barateando o transporte de artigos pesados a todas as diferentes partes do país.

Quando as estradas, pontes, canais etc. são destarte construídas e sustentadas pelo comércio exercido por meio delas, podem ser feitas apenas onde aquele comércio as requer e, consequentemente, onde é apropriado construí-las. Suas despesas também, sua grandeza e magnificência devem adequar-se ao que o comércio pode pagar. Consequentemente, devem ser feitas de maneira mais apropriada a isto. Uma estrada magnífica não pode ser aberta através de um país deserto, onde há pouco ou nenhum comércio, ou apenas porque casualmente leva à propriedade do intendente da província, ou à de algum grão-senhor de quem o intendente acha conveniente fazer a corte. Uma grande ponte não pode ser lançada sobre um rio num local onde ninguém passa, ou meramente para embelezar a vista das janelas de um palácio próximo; coisas que por vezes acontecem em países onde obras desta espécie são feitas por outra renda que não aquela que elas mesmas podem proporcionar.

Em várias regiões da Europa, o pedágio ou taxa sobre um canal é propriedade de particulares, cujo interesse particular obriga-os a conservar o canal. Se não for mantido numa ordem tolerável, a navegação cessará por completo e, junto com ela, todo o lucro que podem fazer com o pedágio. Se estas taxas fossem colocadas sob a administração de comissários, que não teriam interesse particular nelas, poderiam dar menos atenção à manutenção das obras que as geram.

Da despesa de sustentar a dignidade do soberano

Muito acima das despesas essenciais para que o soberano desempenhe seus deveres, é necessária uma certa despesa para sustentar sua dignidade. Esta despesa varia com os diversos períodos de progresso e com as diferentes formas de governo.

Numa sociedade opulenta e progressista, em que todas as várias classes do povo estão se tornando a cada dia mais pródigas em suas casas, em sua mobília, em suas mesas, em suas vestimentas e em seus utensílios, não se pode esperar que só o soberano fique fora de moda. Natural ou necessariamente prodigará mais quanto a todos esses artigos também. Sua dignidade mesmo parece requerer que assim o faça.

Como em questão de dignidade um monarca está mais elevado em relação a seus súditos que o magistrado-chefe de qualquer república acima de seus concidadãos, uma maior despesa é necessária para sustentar a dignidade mais elevada. Naturalmente esperamos mais esplendor de um rei do que na mansão de um doge ou burgomestre.

CONCLUSÃO

A despesa de defender a sociedade e a de sustentar a dignidade do magistrado-chefe são ambas separadas para o benefício geral de toda a sociedade. É portanto razoável que sejam custeadas pela contribuição geral de toda a sociedade, todos os diversos membros contribuindo, tanto quanto possível, em proporção a suas respectivas capacidades.

A despesa da administração da justiça também, sem dúvida, pode ser considerada como disposta para o benefício de toda a sociedade. Não há impropriedade, portanto, que seja custeada pela contribuição geral de toda a sociedade. As pessoas, porém, que dão ocasião a esta despesa são as que por sua injustiça, de um ou de outro modo, tornam necessário procurar um acerto ou proteção das cortes de justiça. As pessoas, de novo, mais imediatamente beneficiadas por esta despesa são aquelas a quem as cortes de justiça restauram seus direitos ou as mantêm em seus direitos. A despesa da administração da justiça, portanto, pode mui propriamente ser custeada pela contribuição particular de um ou outro, ou de ambos os tipos de pessoas, de acordo com as diferentes ocasiões, isto é, pelas taxas da corte. Não pode ser necessário recorrer à contribuição geral de toda a sociedade, exceto para a condenação daqueles criminosos que não têm qualquer propriedade ou fundo para pagar aquelas taxas.

Aquelas despesas locais ou provinciais cujo benefício é local ou provincial (o que é separado, por exemplo, para a polícia de uma cidade ou distrito em particular) deveriam ser custeadas por uma renda local ou provincial, e não deveriam ser um ônus sobre a renda geral da sociedade. É injusto que toda a sociedade contribua para uma despesa cujo benefício está confinado a uma parte da sociedade.

A despesa de manter boas estradas e comunicações, sem dúvida, é benéfica a toda a sociedade e pode assim, sem nenhuma injustiça, ser custeada pela contribuição geral de toda a sociedade. Esta despesa, porém, é mais imediata e diretamente benéfica àqueles que viajam ou carregam mercadorias de um lugar para outro, e àqueles que consomem tais mercadorias. As taxas de pedágio na Inglaterra dirigem-se totalmente a essas pessoas e, assim, aliviam a renda geral da sociedade de um ônus considerável.

A despesa das instituições para a educação e instrução religiosa é analogamente, sem dúvida, benéfica a toda a sociedade, e assim, sem injustiça, pode ser custeada pela contribuição geral de toda a sociedade. Esta despesa, porém, poderia, com igual propriedade, e mesmo com alguma vantagem, ser totalmente custeada por aqueles que recebem o benefício imediato de tal educação e instrução, ou pela contribuição voluntária daqueles que acham que terão uso para uma ou outra.

Quando as instituições ou obras públicas que são benéficas a toda sociedade não puderem ser mantidas, ou não são mantidas pela contribuição daqueles membros da sociedade que são mais imediatamente beneficiados por elas, a deficiência, na maioria dos casos, deve ser suprida pela contribuição geral de toda a sociedade. A renda geral da sociedade, muito além de custear a despesa da defesa da sociedade, e de sustentar a dignidade do magistrado-chefe, deve suprir a deficiência de muitos ramos de renda em particular. As fontes desta renda pública, ou geral, procurarei explicar no capítulo seguinte.

DAS FONTES DA RENDA GERAL OU PÚBLICA DA SOCIEDADE

A renda que deve custear não só a despesa de defender a sociedade e sustentar a dignidade do magistrado-chefe, mas também todas as outras despesas necessárias do governo para as quais a constituição do Estado não proporcionou qualquer renda em particular, pode ser tirada, primeiro, de algum fundo que pertença particularmente ao soberano ou à comunidade, e que é independente da renda do povo, ou segundo, da renda do povo.

Dos fundos ou fontes de renda que podem pertencer particularmente ao soberano ou à comunidade

Os fundos ou fontes de renda que podem pertencer particularmente ao soberano ou à comunidade devem consistir em capital ou terra.

O soberano, como qualquer outro proprietário de capital, pode derivar uma renda dele, quer empregando-o ele mesmo, ou emprestando-o. Sua renda num caso é o lucro; no outro, o juro.

As terras para fins de prazer e magnificência — parques, jardins, passeios públicos etc., posses que em todos os lugares são consideradas causas de despesa e não como fontes de renda — parecem ser as únicas que, numa grande monarquia civilizada, deveriam pertencer à Coroa. O capital e as terras públicas, portanto, as duas fontes de renda que podem particularmente pertencer ao soberano ou à comunidade, sendo ambos fundos impróprios e insuficientes para custear a despesa necessária de qualquer Estado grande e civilizado, permanece o fato de que esta despesa deve, em sua maior parte, ser custeada por taxas de um tipo ou outro, o povo contribuindo com uma parte de sua renda privada para constituir uma renda pública para o soberano ou comunidade.

Das taxas

A renda privada dos indivíduos origina-se em última instância de três diferentes fontes: renda, lucro e salários. Toda taxa deve afinal ser paga por uma ou outra destas diferentes espécies de renda, ou de todas elas indiferentemente. Procurarei dar a melhor conta que puder, primeiro, daquelas taxas que recairiam sobre a renda; segundo, daquelas que recairiam sobre o lucro; terceiro, daquelas que recairiam sobre os salários; e quarto, daquelas que recairiam indiferentemente sobre todas estas três diferentes fontes de renda privada. Muitas destas taxas, parecerá da seguinte revista, não são finalmente pagas pelo fundo, ou fonte de renda, sobre o qual se queria que recaíssem.

Antes de entrar no exame de taxas particulares, é necessária a premissa das quatro seguintes máximas em relação a taxas em geral.

I. Os súditos de todo Estado deveriam contribuir para sustentar o governo, tanto quanto possível em proporção às suas respectivas capacidades, isto é, em proporção à renda que respectivamente gozam sob a proteção do Estado. A despesa do governo para com os indivíduos de uma grande nação é como a despesa de administração para com todos os rendeiros de uma grande propriedade, que são todos obrigados a contribuir em proporção a seus respectivos interesses naquela propriedade. Na observação ou na negligência desta máxima consiste o que é chamado de igualdade ou desigualdade da taxação. Toda taxa, deve ser observado de uma vez por todas, que recai finalmente sobre apenas uma das três espécies de renda acima mencionadas é necessariamente desigual enquanto não afeta as outras duas. No seguinte exame das diferentes taxas, pouca atenção darei a esta espécie de desigualdade, mas, na maioria dos casos, confinarei minhas observações àquela desigualdade que é ocasionada por uma taxa particular recaindo desigualmente sobre aquela espécie particular de renda privada que é por ela afetada.

II. A taxa que cada indivíduo é obrigado a pagar deveria ser certa e não arbitrária. O tempo de pagamento, a maneira, a quantidade a ser paga, tudo deveria ser claro e simples para o contribuinte e para qualquer pessoa. Sendo de outra maneira, toda pessoa sujeita à taxa fica mais ou menos no poder do coletor de taxas, que pode agravá-la sobre qualquer contribuinte recalcitrante ou extorquir, pelo terror de tal gravame, algum presente ou gratificação para si mesmo. A incerteza da taxação encoraja a insolência e favorece a corrupção de uma ordem de homens que são naturalmente impopulares, mesmo quando não são insolentes ou corruptos. A certeza do que cada indivíduo deveria pagar é, na taxação, uma questão de tamanha importância que um grau bem considerável de desigualdade, parece-me, pela experiência de todas as nações, não é um mal tão grande como um pequeno grau de incerteza.

III. Toda taxa deveria ser levantada no tempo ou da maneira que será mais conveniente para o contribuinte pagar. Uma taxa sobre a renda da terra ou das casas, pagável no mesmo termo em que tais rendas são pagas, é levantada no tempo em que será mais conveniente para o contribuinte pagar, ou quando mais provavelmente terá com que pagar. As taxas sobre bens de consumo, assim como artigos de luxo, são todas afinal pagas pelo consumidor, e geralmente de maneira que lhe é muito conveniente. Ele as paga aos poucos, à medida que compra as mercadorias. Como ele também tem a liberdade de comprar ou não, como quiser, é sua culpa se vier a sofrer qualquer inconveniência considerável de tais taxas.

IV. Toda taxa deveria ser elaborada de maneira a tirar e manter fora do bolso do povo o mínimo possível além do que traz ao tesouro público do Estado. Uma taxa pode tirar ou manter fora dos bolsos do povo muito mais do que leva ao tesouro público, nas seguintes quatro maneiras. Primeira, a sua coleta pode requerer um grande número de funcionários, cujos salários podem devorar a maior parte do produto da taxa, e cujos privilégios podem impor uma taxa adicional ao povo. Segunda, pode obstruir a indústria do povo, e desencorajá-lo de aplicá-la a certos ramos dos negócios que poderiam dar manutenção e emprego a grandes multidões. Ao passo que obriga o povo a pagar, pode assim diminuir ou quiçá destruir alguns dos fundos que poderia capacitá-lo a fazê-lo. Terceira, nas apreensões e outras penalidades que aqueles indivíduos infelizes incorrem quando tentam, sem sucesso, evadir-se da taxa, o que pode frequentemente arruiná-los, e assim pôr fim ao benefício que a comunidade poderia ter recebido do emprego de seu capital. Uma taxa injudiciosa oferece uma grande tentação ao contrabando, mas as penalidades do contrabando devem elevar-se em proporção à tentação. A lei, contrariamente a todos os princípios da justiça, primeiro cria a tentação e então pune aqueles que a ela cedem; e comumente agrava a punição também, em proporção à própria circunstância que certamente deveria aliviá-la, a tentação cometer o crime.[4] Quarta, submetendo o povo a frequentes visitas

---

4. V. Sketches of the History of Man, p. 474 e seguintes.

e ao odioso exame dos coletores de taxas, pode expô-lo a muito trabalho desnecessário, vexame e opressão, e se o vexame não é, estritamente falando, despesa, com certeza equivale à despesa da qual todo homem gostaria de se isentar. De uma ou outra destas quatro maneiras, as taxas são tanto mais onerosas ao povo quanto são benéficas ao soberano.

A evidente justiça e utilidade das máximas acima recomendaram mais ou menos à atenção de todas as nações. Todas as nações procuraram, pelo melhor de seu julgamento, tornar suas taxas tão iguais quanto puderam conceber; tão certas quão convenientes ao contribuinte, no tempo e modo de pagamento, e em proporção à renda que trazem ao príncipe, e o menos onerosa para o povo. A seguinte curta revista de algumas das principais taxas que tiveram lugar em diferentes eras e países mostrará que os esforços de todas as nações não foram, sob este aspecto, igualmente bem-sucedidos.

Artigo I
Taxas sobre a renda. Taxas sobre a renda da terra

Uma taxa sobre a renda da terra pode ser imposta de acordo com um certo cânone, cada distrito sendo avaliado a uma certa renda, avaliação esta que depois não deverá ser alterada, ou pode ser imposta de tal maneira que varie com a renda real da terra e se eleve ou caia com o aperfeiçoamento ou decaimento de seu cultivo.

Artigo II
Taxas sobre o lucro, ou sobre a renda oriunda do capital

A renda, ou lucro, oriunda do capital naturalmente se divide em duas partes: a que paga os juros, e que pertence ao dono do capital, e aquela parte em excesso que está além do necessário para pagar os juros.

Esta última parte do lucro é evidentemente um item não taxável diretamente. É a compensação, e na maioria dos casos, não mais do que uma mui moderada compensação, pelo risco e trabalho de aplicar o capital. O empregador precisa ter esta compensação, ou de outro modo não pode, consistentemente com seu interesse, continuar a aplicação.

Taxas sobre o lucro de empregos particulares

Em alguns países, taxas extraordinárias são impostas sobre os lucros de capital, por vezes quando empregado em ramos particulares do comércio, e por vezes quando empregado na agricultura.

Da primeira espécie, temos na Inglaterra as taxas sobre vendedores ambulantes e carroças de aluguel, e aquela que os donos de cervejarias pagam pela licença de vender cerveja e licores destilados a varejo. Durante a última guerra, outra taxa da mesma espécie foi proposta sobre as lojas. A guerra sendo empreendida, dizia-se, em defesa do comércio do país, os comerciantes, que teriam lucro com ela, deveriam contribuir para sustentá-la.

Uma taxa, porém, sobre os lucros de capital empregado em qualquer ramo particular do comércio nunca pode finalmente recair sobre os negociantes (que em todos os casos ordinários têm seu lucro razoável e, onde a competição é livre, dificilmente podem ter mais do que aquele lucro), mas sempre sobre os consumidores, que devem ser obrigados a pagar no preço das mercadorias a taxa adiantada pelo negociante e geralmente com algum ônus.

Uma taxa desta espécie, quando proporcional ao ofício do negociante, é finalmente paga pelo consumidor e não ocasiona opressão ao negociante. Quando não é proporcional, mas é a mesma para todos os negociantes, também neste caso é paga pelo consumidor, apesar de favorecer o negociante grande e ocasionar alguma opressão ao pequeno.

DOS DÉBITOS PÚBLICOS

O comércio e as manufaturas raramente poderiam florescer em qualquer Estado que não desfrute de uma administração regular da justiça, onde o povo não se sinta seguro na posse de sua propriedade, onde a fé dos contratos não é apoiada pela lei e onde a autoridade do Estado não é regularmente empregada em apoiar o pagamento dos débitos de todos aqueles que podem pagar. O comércio e as manufaturas, em suma, dificilmente podem florescer em qualquer Estado onde não haja um certo grau de confiança na justiça do governo.

SOBRE O AUTOR

O filósofo e economista Adam Smith nasceu no dia 5 de julho de 1723 na Escócia. É considerado o mais importante teórico do liberalismo econômico e é até hoje grande referência entre os economistas. Publicou seu primeiro trabalho, *A teoria dos sentimentos morais*, em 1759, com base em suas aulas ministradas na Universidade de Glasgow. Sua obra-prima, *A riqueza das nações*, viria anos depois, em 1776, tornando-se um dos livros mais influentes do mundo ocidental. Smith faleceu em 17 de julho de 1790.

DIREÇÃO EDITORIAL
Daniele Cajueiro

EDITORA RESPONSÁVEL
Ana Carla Sousa

PRODUÇÃO EDITORIAL
Adriana Torres
Mariana Bard
Júlia Ribeiro

REVISÃO
Rita Godoy

PROJETO GRÁFICO DE MIOLO
Rafael Nobre

DIAGRAMAÇÃO
Futura

Este livro foi impresso em 2021
para a Nova Fronteira.